行知学園教育叢書

\ 30日で完成! /

留学生のための漢字・語彙・文法

大学二次試験対策問題集

はじめに

「大学二次試験」とは、大学が個別に実施している留学生向けの入学試験を指します。「外国学生入学試験」「外国人留学生入学試験」「私費外国人留学生選抜」など、名称はさまざまですが、この本はそうした大学二次試験で出題される **漢字・語彙・文法** 問題の対策を目的としています。

大学二次試験に合格するには、出題傾向を踏まえた対策がとても重要です。しかし、これまでに出版されている大学二次試験対策の書籍は少なく、その中でも漢字・語彙・文法の問題に特化したものとなると、1冊もないという状況でした。本書は、こうした現状を踏まえ、留学生のみなさんがより効率的に大学二次試験対策を行えるよう企画されました。

本書の特長

本書をつくるにあたって、留学生に人気のある大学を中心に、多くの留学生入試問題を分析しました。そのうえで重要な問題やよく出る問題を選定し、それに基づいて問題を出題しています。

【これで力がつく！】

・実際の入試問題に基づいた問題に取り組める。

・日本語の入試でよく出る 漢字・語彙・文法 を効率的に学べる。

・徐々に難易度が上がっていくため、無理なく学習に取り組める。

この本をやり終えたとき、みなさんが留学生入試を攻略するだけの実力を養成し、目指す大学への道が開けることを願っています。

2023年10月

行知学園

目次

はじめに・本書の特長 …… 2
本書の使い方 …… 4

練習問題 1 ～ 9 …… 6
力試しテスト 第1回 …… 42
練習問題 10 ～ 18 …… 46
力試しテスト 第2回 …… 82
練習問題 19 ～ 27 …… 86
力試しテスト 第3回 …… 122

解答・略解 …… 126
巻末資料 …… 136

まず練習問題で力をつけてから、
力試しテストで実力を確認しましょう！
毎日1回ずつ取り組めば、
30日で完成します！

▲日本の北海道に生息する鳥、シマエナガ。
「雪の妖精」とも呼ばれる。漢字で書くと「島柄長」。
この本では、みなさんの学習をサポートします。

本書の使い方

練習問題

解き終えたら、大問ごとの点数を合計しましょう。苦手分野を把握するのに役立ちます。

入試過去問の出題傾向を分析したうえで、実際に入試で出た問題に似た形式の問題を中心に出題しています。

いろいろな形式の問題に取り組むことで、入試のための実力がつきます。

問題の分類

漢字
漢字の読み書き問題

語彙
語彙に関する問題

文法
文法に関する問題

知識
文学史に関する問題

大問ごとに点数欄を設けています。
配点は1問1点です。

Day 1 / 30 days

やってみよう！

練習問題 1

配点			合計点
漢字	語彙	文法	
点 /20	点 /11	点 /9	点 /40

I 漢字 ____点 /20

下線部について、ひらがなは漢字に、漢字はひらがなに直しなさい。送りがなのある語を漢字に直す際は送りがなも書きなさい。

1 この地域は①むかしから温泉街として有名だ

①(　　　)

2 友人の②誕生日プレゼントが③届いた。

②(　　　)　③(　　　)

3 ④いえの外で誰かが⑤あらそっているような

④(　　　)　⑤(　　　)

4 ⑥しんぶんで大きく取り上げられているのは⑦じゅうような事柄だ。

⑥(　　　)　⑦(　　　)

5 引っ越しを前に、いらなくなったものを⑧たいりょうに処分した。

⑧(　　　)

6 信用を一度⑨失うと、取り⑩戻すのはなかなかに難しい。

⑨(　　　)　⑩(　　　)

7 この展望台からは、季節を⑪問わず、すばらしい⑫景色が眺められる。

⑪(　　　)　⑫(　　　)

8 彼女は小さいころから⑬べんきょうが得意で、⑭優秀な成績を修めていた。

⑬(　　　)　⑭(　　　)

6

- 4ページで1回（1日）分の問題としています。
（練習問題9回＋力試しテスト1回）× 3セット という構成です。
- 各回では、漢字・語彙・文法の3種類すべてを出題しているため、総合的な学習ができます。

力試しテスト

過去の留学生入試で実際に出たことのある問題を多く出題しています。
本番同様の問題に取り組み、実力を試しましょう。

Day 10／30 days

力試しテスト 第１回

配点			合計点
漢字	語彙	文法	
点 /20	点 /20	点 /10	点 /50

漢字 ▶ ＿＿点 /12（1点×12）

1．下線部について、ひらがなは漢字に、漢字はひらがなに直しなさい。送りがなのある語を漢字に直す際は送りがなも書きなさい。

(1) 政治家の人間性そのものが①とわれてくることになります。（立教・改）
(2) なんだか重苦しい②ふんいきだ。（上智）
(3) 不利益を現実の個人に③おわせてはならない。（一橋・改）
(4) そういう道を歩ませることで利益を得る人たちが④大勢いる。（東京外国語）
(5) 「天体の回転について」という本を⑤あらわし、地動説を公表した。（早稲田・改）
(6) あの人の⑥端正な身のこなしには、つい見とれてしまう。
(7) 体調は⑦大丈夫なのか。（上智）
(8) 自分のことを⑧漠然と「子ども嫌い」な人間だと思っていた。（中央）
(9) 漢字は⑨せいかくに書いてください。
明るい⑩せいかくは、人と接する機会の多い仕事で歓迎される強みです。
(10) 学校中から、クラスを⑪こえて優秀な生徒たちが集まった。（立教・改）
いくつもの山を⑫こえてはるばるやって

大問ごとに点数欄を設けています。練習問題と違って、問題によって配点が異なるので注意してください。

出題のあった大学を（　）で示しています。
入試問題を一部改変しているものは、「・改」をつけています。

漢字 ▶ ＿＿点 /8（1点×8）｜語彙 ▶ ＿＿点 /1（1点×1）

2．次の文章を読み、後の各問いに答えなさい。

恥の①きじゅんを論じる上で②じゅうようなのは、誰の目を③気遣っているのかという問題だ。人はそもそもすべての人々の④しせんを気にしているわけではない。仮に⑤ひはんされても笑われても、⑥べつに気にならないという相手もいる。逆に、自分がどう思われているか、常に（　　）をうかがってしまう人物もいる。羞恥心がどのくらい敏感に⑦反応するかは相手によってずいぶん⑧異なる。

菅原健介『羞恥心はどこへ消えた？』より（早稲田・改）

(1) 下線部①～⑧について、ひらがなは漢字に、漢字はひらがなに直しなさい。
(2) （　　）に入る最も適当な語を次から選びなさい。
ア 顔色　イ 音色　ウ 気色　エ 景色

実際の入試で出た文章も出題しています。入試では長文の出題も多いので、文章を読む力も養いましょう。

- 力試しテストは実際の入試により近い出題形式なので、本番の雰囲気がつかめます。
- 初回から徐々に難易度が上がっていくため、無理なく学習できます。

一緒に頑張りましょう！

Day 1 ／30 days

練習問題 1

＼やってみよう！／

配点			合計点
漢字	語彙	文法	
点 /20	点 /11	点 /9	点 /40

Ⅰ 漢字 ＿＿点 /20

下線部について、ひらがなは漢字に、漢字はひらがなに直しなさい。送りがなのある語を漢字に直す際は送りがなも書きなさい。

入試では、送りがなまで書かせる場合もあります。漢字だけでなく、送りがなもしっかり書きましょう。

1　この地域は①むかしから温泉街として有名だ。

①（　　　　　）

2　友人の②誕生日プレゼントが③届いた。

②（　　　　　）　③（　　　　　）

3　④いえの外で誰かが⑤あらそっているような声がする。

④（　　　　　）　⑤（　　　　　）

4　⑥しんぶんで大きく取り上げられているのは⑦じゅうような事柄だ。

⑥（　　　　　）　⑦（　　　　　）

5　引っ越しを前に、いらなくなったものを⑧たいりょうに処分した。

⑧（　　　　　）

6　信用を一度⑨失うと、取り⑩戻すのはなかなかに難しい。

⑨（　　　　　）　⑩（　　　　　）

7　この展望台からは、季節を⑪問わず、すばらしい⑫景色が眺められる。

⑪（　　　　　）　⑫（　　　　　）

8　彼女は小さいころから⑬べんきょうが得意で、⑭優秀な成績を修めていた。

⑬（　　　　　）　⑭（　　　　　）

9　数学の証明においては、正しさだけでなく⑮うつくしさも⑯大事である。

⑮(　　　　　　　　)　⑯(　　　　　　　　)

10　自分がここに⑰そんざいするのは⑱とうぜんのことではない。

⑰(　　　　　　　　)　⑱(　　　　　　　　)

11　住民の生活の質が⑲向上するのと同時期に、都市も大きく⑳発展した。

⑲(　　　　　　　　)　⑳(　　　　　　　　)

Ⅱ 語彙

＿＿点 /7

次の文の(　)に入る最も適当な語を選びなさい。

1　(　先月　・　一昨日　・　来週　・　前年　)、会費を支払う必要がある。

2　父親が育児を全面(　化　・　観　・　性　・　的　)に引き受ける。

3　昨日の夜は(　やっぱり　・　すっきり　・　さっぱり　・　ぐっすり　)眠れたので今日は調子がいい。

4　先生は(　すこやかな　・　あやふやな　・　ほがらかな　・　うろんげな　)性格で、生徒にとても人気がある。

5　壁を(　つたって　・　とおして　・　たいして　・　ひかえて　)隣人が電話している声がきこえる。

6　彼とは人生(　観　・　性　・　点　・　想　)が全く異なると感じる。

7　子どもに(　従って　・　際して　・　比べて　・　対して　)何をしてやれるのかを考える。

Ⅲ 語彙　　＿＿＿点 /4

次の文の（　）に入る最も適当な語を選びなさい。

1　机の上を整理したら、仕事の（　効率　・　効能　・　効果　・　効力　）がずっとよくなった。

2　心理学の授業はオンラインではなく（　対面・対立・対応・対抗　）で行われる予定だ。

3　動物の動きから、ロボットの設計に関する（　想像　・　予想　・　着想　・　妄想　）を得る。

4　ネット依存、スマホ依存は若者にだけ見られる（　現実　・　現象　・　現況　・　現状　）ではない。

Ⅳ 文法　　＿＿＿点 /5

次の文の（　）に入る最も適当な語を選びなさい。

1　夏休みの間、ゲーム（　さえ　・　ばかり　・　まで　・　くらい　）しているのはもったいないですよ。

2　荷物を放り出した（　まま　・　つつ　・　まで　・　ところ　）にしないでください。

3　科学技術がどんなに発展し（　たら　・　ても　・　たから　・　てきて　）、人間の脳内回路は、たいして変化しない。

4　今朝起こったことはあまりにも現実離れしているので誰も信じ（　よう　・　たがる　・　まい　・　そうだ　）。

5　実際にあった話を（　はじめに　・　つうじて　・　関して　・　もとに　）書かれた小説を読む。

V 文法　＿＿点 /4

次の文の（　）に入る最も適当な助詞を選びなさい。

1　ここからその駅まで徒歩（　が　・　と　・　で　・　も　）10 分ほどかかります。

2　運動不足は生活習慣病の原因（　で　・　を　・　が　・　と　）なります。

3　一見簡単そうに見えて（　は　・　も　・　が　・　に　）、実際にやってみると案外難しい。

4　ずっとほしかった本がやっと手（　に　・　で　・　を　・　が　）入った。

留学生向け二次試験の出題傾向は、
大学や学部だけでなく、年度によっても変わります。
この本を使って、いろいろな問題に慣れましょう。
そして希望の大学に合格しましょう！

Day 2 / 30 days

練習問題 2

＼やってみよう！／

配点			合計点
漢字	語彙	文法	
点 /20	点 /11	点 /9	点 /40

Ⅰ 漢字　＿＿点 /20

下線部について、ひらがなは漢字に、漢字はひらがなに直しなさい。送りがなのある語を漢字に直す際は送りがなも書きなさい。

1　遅刻しそうなときは、早めに①れんらくしてください。

①(　　　　　　)

2　国際②貿易の仕組みが難しくてなかなか③りかいできない。

②(　　　　　　)　③(　　　　　　)

3　失くしたと思っていた④財布が⑤今朝見つかった。

④(　　　　　　)　⑤(　　　　　　)

4　⑥かぜを引いてしまった。来週末の旅行までには⑦なおしたい。

⑥(　　　　　　)　⑦(　　　　　　)

5　あなたには⑧兄弟や⑨姉妹がいますか。

⑧(　　　　　　)　⑨(　　　　　　)

6　⑩さいしょにもらった⑪給料で、親に贈り物を買った。

⑩(　　　　　　)　⑪(　　　　　　)

7　新しいバイト先では⑫先輩に恵まれ、働くのが楽しい。

⑫(　　　　　　)

8　二人は同じ⑬いけんだと思っていたが、細かいところで⑭ちがいがあるようだった。

⑬(　　　　　　　　　　)　⑭(　　　　　　　　　　)

9　⑮欧米社会では、偽証にたいして⑯厳しい制裁が与えられる。

⑮(　　　　　　　　　　)　⑯(　　　　　　　　　　)

10　高校生を⑰たいしょうに行ったアンケートの結果をまとめる⑱さぎょうを行う。

⑰(　　　　　　　　　　)　⑱(　　　　　　　　　　)

11　他人が決めた⑲目標に向かって⑳きょうせい的に努力させられるのは苦しいものだ。

⑲(　　　　　　　　　　)　⑳(　　　　　　　　　　)

Ⅱ 語彙　＿＿点 /7

次の文の(　)に入る最も適当な語を選びなさい。

1　過去のデータを(　分析　・　目視　・　自覚　・　視察　)したところ、失敗の原因が判明した。

2　乱れた髪の毛を、鏡の前で(　整えた　・　調整した　・　整理した　・　片付けた　)。

3　長年にわたって商品開発に(　携わり　・　断り　・　従い　・　伴い　)、ヒット商品を生み出してきました。

4　節電のため、こまめに(　アカウント・スイッチ・パッション・ルール　)を切ってください。

5　あまり期待していなかったが、この料理は(　なかなか　・　そもそも　・　どんどん　・　かんかん　)おいしい。

6　毎日勉強（　漬け　・　通り　・　空き　・　集め　）では疲れてしまうから、時には息抜きも必要だ。

7　彼は兄に（　超える　・　勝る　・　取る　・　冴える　）とも劣らない才能の持ち主だ。

Ⅲ 語彙　＿＿点 /4

次の文の（　）に入る最も適当な語を選びなさい。

1　式の間は（　いそがしく　・　おそろしく　・　おとなしく　・　このましく　）ここに座っていなさい。

2　最近は（　すこやかな　・　なごやかな　・　おだやかな　・　はなやかな　）天気が続いていて、過ごしやすい。

3　母は健康に気を遣っており、病気になることは（　まれ　・　ざら　・　ほぼ　・　まし　）である。

4　その問題を解決する（　つな　・　すべ　・　かた　・　やま　）が何かあるはずだ。

Ⅳ 文法　＿＿点 /5

次の文の（　）に入る最も適当な語を選びなさい。

1　このイギリス人作家の名前は、海（　で　・　に　・　へ　・　を　）わたった日本でも知れ渡っている。

2　この写真を（　見るなら　・　見る場合　・　見ると　・　見て　）、故郷での思い出がよみがえります。

3　口には出さなく（　のに　・　とも　・　にも　・　て　）、彼が不満をもっていることは明らかだった。

4　ジャーナリストは事実に（　もとづいて　・　つれて　・　ともなって　・　はんして　）報道しなければならない。

5　京都に（　行けば　・　行こうと　・　行ったら　・　行くと　）、まずお寺を見に行きたい。

V 文法

＿＿＿点 /4

次の文の（　）に入る最も適当な語を選びなさい。

1　鈴木さんは無断で約束をキャンセルするような（　人　・　もの　・　こと　・　とき　）はしない。

2　普段は大通りから帰るが、裏道から帰る（　もの　・　こと　・　折　・　際　）もある。

3　お金があれば幸せになれる（　ことではない　・　わけではない　・　どころではない　・　はずではない　）。お金持ちの中にも不幸な人はいる。

4　真面目な田中さんが連絡もせずに欠席する（　こと　・　ため　・　はず　・　ところ　）がない。

Day 3 / 30 days

練習問題 3

＼やってみよう！／

配点			合計点
漢字	語彙	文法	
点 /20	点 /9	点 /11	点 /40

I 漢字

＿＿点 /20

下線部について、ひらがなは漢字に、漢字はひらがなに直しなさい。送りがなのある語を漢字に直す際は送りがなも書きなさい。

1 赤ちゃんが①不思議そうな表情で人の顔を見る。

①(　　　　　　)

2 母は②まいにち朝早くから夕方まで、まじめに働いている。

②(　　　　　　)

3 物理の③授業は何時から始まりますか。

③(　　　　　　)

4 この食品には体を温める④作用がある。

④(　　　　　　)

5 国民の生活が⑤ゆたかになった反面、⑥かんきょう破壊が進んでしまった。

⑤(　　　　　　)　⑥(　　　　　　)

6 その選手が⑦ひっしに努力する⑧姿を見て胸を打たれた。

⑦(　　　　　　)　⑧(　　　　　　)

7 モニターに⑨表示された文章を読んだとたん、彼女は⑩けわしい表情になった。

⑨(　　　　　　)　⑩(　　　　　　)

8 ⑪いぶんかを理解する際には、相手の言語を知ることが⑫非常に大切です。

⑪(　　　　　　)　⑫(　　　　　　)

9 ⑬休憩時間は自由に過ごしてよかったので、20分程度の⑭仮眠をとった。

⑬(　　　　　　　　)　⑭(　　　　　　　　)

10 流通プロセスを⑮こまかく調べて無駄を省くことで、商品の⑯かかくを下げる。

⑮(　　　　　　　　)　⑯(　　　　　　　　)

11 人が社会の中で生きる際には、年齢や性別といった⑰属性がついて⑱回る。

⑰(　　　　　　　　)　⑱(　　　　　　　　)

12 リーダー職は⑲たいへんなので、やる気がないと⑳勤まらない。

⑲(　　　　　　　　)　⑳(　　　　　　　　)

Ⅱ 語彙　＿＿点/5

次の文の(　)に入る最も適当な語を選びなさい。

1　雨に打たれて帰ってきてから、体調を(　やぶれて　・　つぶれて　・　くだいて　・　くずして　)しまった。

2　彼は箱の中身を(　たとえば　・　何やら　・　やたらと　・　ぴったり　)言い当てた。

3　信じていた人に(　うらぎられて　・　たよられて　・　なぐさめられて　・　みとめられて　)、もう何を信じていいのかわからない。

4　(　不自然　・　不景気　・　不可逆　・　不条理　)の影響で、商品の売り上げが伸び悩んでいる。

5　人ごみの中で急に腕をつかまれて(　がっくり　・　じっくり　・　びっくり　・　ざっくり　)した。

Ⅲ 語彙 ＿＿点 /4

次の文の（　）に入る最も適当な語を選びなさい。

1　この（　まわり　・　かど　・　すみ　・　すきま　）を左に曲がれば、郵便局があります。

2　この国はここ10年で経済が急速に（　発展　・　進化　・　昇格　・　高上　）した。

3　この小説は（　案外な　・　意外な　・　予想外に　・　実に　）結末を迎える。

4　何か悪いことが起こりそうな（　推測　・　予感　・　想像　・　想定　）がする。

Ⅳ 文法 ＿＿点 /7

次の文の（　）に入る最も適当な語を選びなさい。

1　彼女がこんな行動をしたの（　が　・　で　・　には　・　でも　）、それなりの理由があるはずだ。

2　パーティーに出席する（　わけ　・　つもり　・　まま　・　こと　）だったが、急用が入って行けなくなった。

3　親が有名人だからといって（　いばるべきだ　・　いばってもよい　・　いばらなければならない　・　いばってはいけない　）。

4　運動をしなくなったうえ、たくさん食べるようになったから、最近（　太りげだ　・　太りぎみだ　・　太りっぽい　・　太りだらけだ　）。

5　あれだけ確認した（　ゆえ　・　のに　・　ため　・　こそ　）、忘れ物をしてしまった。

6　現代人（　において　・　に対して　・　にとって　・　について　）、スマホはなくてはならないものだ。

7　健康のために、朝食は必ず（　食べる　・　食べず　・　食べて　・　食べた　）ようにしている。

Ⅴ 文法　　＿＿＿点 /4

次の（　）の中に、適切な助詞をひらがな１字で書き入れなさい。

1　電車（　　　　）乗って通学する。

2　ここは暑いので、どこ（　　　　）涼しいところへ行きましょう。

3　松は日本ではおめでたい植物（　　　　）されている。

4　去年は雪が少なくて過ごしやすかった。それ（　　　　）ひきかえ、今年は大雪が続いている。

漢字の中には、「細（こま）かい」「細（ほそ）い」のように、
読み方によって意味が変わるものがあります。
「行（い）く」「行（おこな）う」、「優（やさ）しい」「優（すぐ）れる」などもそうですね。
読み方と意味の組み合わせをしっかり覚えましょう。

Day 4 / 30 days

練習問題 4

やってみよう！

配点			合計点
漢字	語彙	文法	
点 /20	点 /11	点 /9	点 /40

I 漢字 ＿＿点 /20

下線部について、ひらがなは漢字に、漢字はひらがなに直しなさい。送りがなのある語を漢字に直す際は送りがなも書きなさい。

1　①辛い②経験も楽しい経験も、きっとあなたの力になるだろう。

①(　　　　　　)　②(　　　　　　)

2　長らく不況だったが、ようやく景気が③かいふくしてきた。

③(　　　　　　)

3　あの人はいつも人の忠告に耳を④かさない。

④(　　　　　　)

4　情報にアクセスできる人の⑤範囲を⑥げんていする。

⑤(　　　　　　)　⑥(　　　　　　)

5　やけになって⑦あばれてはいけない。

⑦(　　　　　　)

6　これはあなたの人生を⑧さゆうする重大な選択だ。⑨慎重に考えなさい。

⑧(　　　　　　)　⑨(　　　　　　)

7　彼女は⑩ほうふな知識を生かして活躍しており、⑪同僚や後輩からの信頼も厚い。

⑩(　　　　　　)　⑪(　　　　　　)

8　⑫膨大な初期費用を⑬一刻も⑭はやく回収したい。

⑫(　　　　　　　　　)　⑬(　　　　　　　　　)

⑭(　　　　　　　　　)

9　親しくもない人に年収を聞くのは⑮しつれいなので、⑯改めたほうがよい。

⑮(　　　　　　　　　)　⑯(　　　　　　　　　)

10　どうやったら彼女の得意分野を生かせるか、⑰なやんでいる。

⑰(　　　　　　　　　)

11　⑱消費者が値上げに反対するのは、当然のことである。

⑱(　　　　　　　　　)

12　彼女は、部活よりも受験勉強を⑲ゆうせんすることを決めて、⑳熱心に塾に通うようになった。

⑲(　　　　　　　　　)　⑳(　　　　　　　　　)

Ⅱ 語 彙　　＿＿点 /7

次の文の(　)に入る最も適当な語を選びなさい。

1　人を待っている(　かんかく　・　うち　・　すきま　・　なか　)に眠くなってしまいました。

2　物事を違った(　角度　・　逆さま　・　程度　・　水準　)から眺めると、新しい気付きがあるかもしれない。

3　人気店だと聞いていたが、(　まあまあ　・　かなり　・　実に　・　それほど　)おいしくなかった。

4　犬の頭を(　かまう　・　ふれる　・　なでる　・　あさる　)と、しっぽを振って喜んだ。

5　脱いだ靴はそろえておくのが（　ニーズ　・　マナー　・　メニュー　・　ユーモア　）だ。

6　天気が悪かったので、今日は一日家の中で（　暮らした　・　招いた　・　住んだ　・　過ごした　）。

7　友達の買い物に付き（　合った　・　回った　・　立った　・　行った　）。

Ⅲ 語彙　______点 /4

次の文の（　）に入る最も適当な語を選びなさい。

1　発表会が明日に迫り、心臓が（　だらだら　・　ちくちく　・　てきぱき　・　どきどき　）してきた。

2　時間がなかったので、大まかな流れだけ（　ぴったり　・　きっかり　・　かっちり　・　ざっくり　）説明した。

3　親に見つからないよう、裏口から（　ばったり　・　こっそり　・　がっかり　・　ぎっしり　）と出た。

4　仕上げに塩を入れてみると、味が（　さっと・ほっと・ぐっと・ふっと　）よくなった。

Ⅳ 文法　______点 /5

次の文の（　）に入る最も適当な語を選びなさい。

1　こんなに近くで富士山（　の　・　と　・　で　・　を　）見るのは初めてだ。

2　初対面の人（　によって　・　にとって　・　に対して　・　にあたって　）そんなことを聞くものではない。

3　明日の試合は、雨が降って（　としても　・　すら　・　も　・　ところで　）行います。

4　働かない（　わけには　・　ものから　・　ことには　・　はずでは　）、お金を稼げない。

5　大は小を兼ねるとはいっても、大きければ（　いいどころではない　・　いいというものではない　・　いいというわけがない　・　いいというものなのだ　）。

V 文法　＿＿点 /4

（　）の中の語を適切な形に変え、文を完成しなさい。

1　山田さんはずっとサッカーを習っていたので、サッカーが（ 上手です ）はずです。

2　雨の日は電車が（ 遅れる ）がちだ。

3　すい臓から分泌されるインスリンは、血糖値を（ 低下する ）。

4　私のことをよく（ 知る ）もしないのに、わかったようなことを言わないでください。

1（　　　　　　　　　　）　2（　　　　　　　　　　）

3（　　　　　　　　　　）　4（　　　　　　　　　　）

Day 5 ／30 days

練習問題 5

\やってみよう！/

配点			合計点
漢字	語彙	文法	
点 /20	点 /11	点 /9	点 /40

I 漢字　＿＿点 /20

下線部について、ひらがなは漢字に、漢字はひらがなに直しなさい。送りがなのある語を漢字に直す際は送りがなも書きなさい。

1　細心の①ちゅういを払う。

①（　　　　　　）

2　祖母の②へやは日当たりがいい。

②（　　　　　　）

3　この論文は③構成が④ふくざつで、少々読みづらく感じる。

③（　　　　　　）　④（　　　　　　）

4　声がよく⑤響くよう、舞台上での演者の立ち位置を⑥くふうする。

⑤（　　　　　　）　⑥（　　　　　　）

5　小説を読みながら、作者の⑦狙いを考える。

⑦（　　　　　　）

6　生徒たちに、参考書を使って⑧よわいところを繰り返し訓練させる。

⑧（　　　　　　）

7　毎日、健康のために⑨くだものを食べるようにしています。

⑨（　　　　　　）

8　その日の業務上の⑩はんせいを日誌に⑪記していく。

⑩（　　　　　　）　⑪（　　　　　　）

9　この食器は⑫壊れやすいので、⑬あつかいには気を付けてください。

⑫(　　　　　　　　)　⑬(　　　　　　　　)

10　先生のお言葉を胸に⑭刻んで、卒業したあともがんばります。

⑭(　　　　　　　　)

11　明治維新前の日本では、職業と⑮身分は明確に関連していた。

⑮(　　　　　　　　)

12　買い物をしようと百貨店に⑯でむいたが、財布を持っていくのを⑰わすれてしまった。

⑯(　　　　　　　　)　⑰(　　　　　　　　)

13　辛い記憶が⑱生々しくよみがえって、⑲一斉に自分に詰め⑳よってくるような気持ちに襲われる。

⑱(　　　　　　　　)　⑲(　　　　　　　　)

⑳(　　　　　　　　)

Ⅱ 語彙　＿＿点 /7

次の文の(　)に入る最も適当な語を選びなさい。

1　明らかに嘘とわかる彼女の言い訳を聞いて(　あきれた ・ はにかんだ ・ あやまった ・ ためらった　)。

2　パソコンを使う場合は、事前に(　要求 ・ 申請 ・ 要請 ・ 請求　)してください。

3　留学して、いろんな経験を(　与え ・ 増え ・ 貯め ・ 積み　)たい。

4　将来は科学(　家 ・ 者 ・ 士 ・ 人　)になりたいと思っています。

5　追加の仕事を頼まれたが、（　かっきり　・　きっぱり　・　つっぱり　・　ほんのり　）ことわった。

6　この土地には肉食獣が（　ばらばら　・　うようよ　・　とりどり　・　もたもた　）している。

7　こう（　あれこれ　・　しばしば　・　とうとう　・　そこそこ　）遅刻されるのでは、困ってしまいます。

Ⅲ 語彙　＿＿点 /4

下線部の語の意味に最も近いものを選びなさい。

1　約束を破ったことについていいわけした。
ア　弁解　　イ　弁論　　ウ　雄弁　　エ　答弁

2　この本はほとんど読み終わりました。
ア　ほぼ　　イ　ぜんぶ　　ウ　たくさん　　エ　とても

3　眠気に襲われたが、がまんして本を読み続けた。
ア　あきれて　　イ　こもって
ウ　だまって　　エ　こらえて

4　午後の授業をサボって友達と遊びに出かけた。
ア　がんばって　　イ　やりつづけて
ウ　ずるやすみして　　エ　さがして

Ⅳ 文法　＿＿点 /5

次の文の（　）に入る最も適当な語を選びなさい。

1　決勝戦は、第一総合体育館（　について　・　において　・　に関して　・　によって　）行われます。

2　明日は友達が遊びに来るので、自室を片づけて（　いよう　・　あろう　・　いこう　・　おこう　）。

3　今日これ以上議論した（　わけで　・　せいで　・　ためで　・　ところで　）、解決策が出るとは思えない。

4　何かいい解決方法はない（　こと　・　もの　・　はず　・　わけ　）かと、いろいろ調べてみた。

5　この温泉街には、国内（　にわたって　・　のみでは　・　のみならず　・　必ずしも　）国外からも観光客が訪れる。

V 文法

______点 /4

V　次の文の（　）に入る最も適当な語を選びなさい。

1　暑い日は、冷たいビールを飲む（　で　・　が　・　に　・　は　）限る。

2　朝の電車の中で、隣の人に足（　を　・　が　・　に　・　は　）踏まれた。

3　会ったばかりの人（　さえ　・　こそ　・　なんか　・　すら　）に私の気持ちがわかるわけがない。

4　受験勉強は、自分でがんばる（　さえ　・　しか　・　だけ　・　まで　）ない。

「日本語」に関する試験では、語の意味を選ばせるだけでなく、記述させる場合もあります。志望大学の過去問で意味を書かせる問題がよく出ている場合は、自分で意味を書けるよう練習しておきましょう。

Day 6 / 30 days

練習問題 6

＼やってみよう！／

配点			合計点
漢字	語彙	文法	
点 /20	点 /11	点 /9	点 /40

Ⅰ 漢字 ＿＿点 /20

下線部について、ひらがなは漢字に、漢字はひらがなに直しなさい。送りがなのある語を漢字に直す際は送りがなも書きなさい。

1　私の父は銀行で①はたらいています。

①（　　　　　　　　）

2　８月に入ってから、②我慢できないような暑さが続いている。

②（　　　　　　　　）

3　小説家はむやみに接続詞を使うのを③きらう傾向がある。

③（　　　　　　　　）

4　中学時代の友人から、④結婚式の⑤招待状が届いた。

④（　　　　　　　　）　⑤（　　　　　　　　）

5　20年⑥経ったあとの自分の生活を⑦そうぞうする。

⑥（　　　　　　　　）　⑦（　　　　　　　　）

6　何か⑧ぎもんがあったら、⑨遠慮せずに⑩しつもんしてください。

⑧（　　　　　　　　）　⑨（　　　　　　　　）

⑩（　　　　　　　　）

7　社会人になってから再会する約束を同級生たちと⑪交わす。

⑪（　　　　　　　　）

8　機器にトラブルが⑫はっせいし、昨日から仕事を進められずにいる。

⑫(　　　　　　　　　　)

9　ドラマの登場人物がどのような⑬役割を担っているのか⑭ぶんせきする。

⑬(　　　　　　　　　　)　⑭(　　　　　　　　　　)

10　野菜を⑮まったく食べない娘に頭を悩ませていたが、田舎から送られてきた野菜を完食する姿を見て⑯感激した。

⑮(　　　　　　　　　　)　⑯(　　　　　　　　　　)

11　今回は残念ながら⑰さんかできませんが、またぜひ⑱誘ってください。

⑰(　　　　　　　　　　)　⑱(　　　　　　　　　　)

12　昨年の財政政策は⑲しっぱいだったとして、評論家から⑳批判が集まった。

⑲(　　　　　　　　　　)　⑳(　　　　　　　　　　)

Ⅱ 語 彙　　＿＿点 /7

次の文の(　)に入る最も適当な語を選びなさい。

1　彼に似合うと思って薦めたが、(　好み　・　興味　・　特別　・　関心　)ではなかったようだ。

2　母が買い物に行っている(　まで　・　すきま　・　ところ　・　あいだ　)に、部屋の掃除をした。

3　太ったせいで、去年買った服が(　ゆるく　・　きつく　・　やわらかく　・　ふとく　)感じられる。

4　旅行に行くと、必ずと言ってよい(　までに　・　くらい　・　が　・　程度　)雨が降る。

5　ドアの向こうに鈴木さんの姿が（　ぐらっと　・　さらと　・　ちらっと　・　ふわっと　）見えた。

6　仕事を始めてから、早寝早起きが身に（　いれた　・　しみた　・　ついた　・　つけた　）。

7　ずっと裸眼で生活してきたが、視力が落ちて（　たちまち　・　とうとう　・　なかなか　・　ほとんど　）眼鏡をかけることになった。

Ⅲ 語彙　＿＿点 /4

次の文の（　）に入る最も適当な語を選びなさい。

1　店主が旅行に出かけているので、この店は昨日から（　シャッター　・　クーラー　・　ロッカー　・　スペース　）が閉まっている。

2　書類の右下にフルネームで（　コピー　・　サイン　・　コメント　・　メモ　）をお願いします。

3　バスが急に（　ブレーキ　・　ストップ　・　アクセル　・　スタート　）をかけたため、隣の人にぶつかってしまった。

4　関西と関東とでは、言葉の（　アクセント　・　コンセント　・　パーセント　・　モーメント　）が異なる場合がある。

Ⅳ 文法　＿＿点 /6

次の文の（　）に入る最も適当な語を選びなさい。

1　このアクセサリーは本物の花（　を　・　と　・　で　・　に　）作られている。

2　このお祭りでは、いろんな種類の踊りが（　見えます　・　見られます　・　見ます　・　見せます　）。

3　ほしいものがあっても、（　借金してこそ　・　借金してから　・
借金してまで　・　借金しようが　）買おうとは思わない。

4　家族は、私が旅行に行くのをにこにこしながら見送って（　もらった　・
あげた　・　くれた　・　やった　）。

5　すみません、この服を試着して（　みるなら　・　みても　・　みると　・
みようと　）いいですか。

6　受験票は当日忘れずに（　お持ち　・　お持ちして　・　お持ちにして　・
お持ちされて　）ください。

V 文法　＿＿＿点 /3

次の文の（　）に入る最も適当な語を選びなさい。

1　忙しいとどうしてもメールの返信を忘れ（　がちになる　・　っぱなしだ　・
にきまっている　・　おそれがある　）。

2　このドアは、人が近づくと自動で解錠される（　のようにする　・　ようになっ
ている　・　ことにしている　・　のことになった　）。

3　テレビCMでおいしそうに商品を食べている人を見ると、（　食べたくな
らない　・　食べたくてたまらなくなる　・　食べたくならざるを得ない　・
食べたくなくなりがちだ　）。

Day 7 / 30 days

練習問題 7

やってみよう！

配点			合計点
漢字	語彙	文法	
点 /20	点 /11	点 /9	点 /40

Ⅰ 漢字 ＿＿点 /20

下線部について、ひらがなは漢字に、漢字はひらがなに直しなさい。送りがなのある語を漢字に直す際は送りがなも書きなさい。

1　診察の①じゅんばんが回ってくるまで、二時間もかかった。

①（　　　　）

2　誤った②じょうほうがインターネット上で流れ、③こんらんが起こった。

②（　　　　）　③（　　　　）

3　９月に入ってから、④すずしく感じられる日が増えてきた。

④（　　　　）

4　計算結果が⑤大幅に間違っていたので、⑥してきした。

⑤（　　　　）　⑥（　　　　）

5　日本では、内閣総理大臣のことを⑦首相とも呼ぶ。

⑦（　　　　）

6　大人になってからは、⑧意識して体をうごかさないと⑨うんどう不足になりがちだ。

⑧（　　　　）　⑨（　　　　）

7　高度経済成長期に、⑩洗濯機や冷蔵庫などの家電製品が家庭に⑪普及した。

⑩（　　　　）　⑪（　　　　）

8　そろそろ⑫子離れの時期だと思い、子どもの⑬きぼうの通りに海外へと送り出した。

⑫(　　　　　　　　)　⑬(　　　　　　　　)

9　調査会社からの⑭ほうこく書を読むと、そこには⑮驚くべき⑯じじつが書かれていた。

⑭(　　　　　　　　)　⑮(　　　　　　　　)

⑯(　　　　　　　　)

10　⑰しゅうしょく活動を始めた⑱途端に言葉遣いが変わる学生が多い。

⑰(　　　　　　　　)　⑱(　　　　　　　　)

11　たび⑲重なった不祥事(ふしょうじ)の責任を⑳負って、企業の代表取締役が辞任した。

⑲(　　　　　　　　)　⑳(　　　　　　　　)

Ⅱ 語彙　＿＿点 /7

次の文の(　)に入る最も適当な語を選びなさい。

1　雨のため、試合は来週に(　中止　・　中断　・　延滞　・　延期　)された。

2　彼は肩が強いので、ここからでも(　ダイアログ　・　ダイレクト　・　ダイニング　・　ダイアリー　)に返球できる。

3　渋滞に巻き込まれてしまい、(　くたくた　・　のろのろ　・　すれすれ　・　つくづく　)としか進めない。

4　昨日の地震では、この棚が(　ざらざら　・　ぐらぐら　・　ごろごろ　・　ぶらぶら　)とゆれた。

5　出発したという連絡が1時間前にあったので、(　そろそろ　・　まだ　・　やっと　・　かつて　)到着してもよさそうなものだ。

6　困っている人を見ると、（　なんと　・　なんとか　・　なんとも　・　なんとなく　）してやりたくなる。

7　今年からは心機（　一　・　三　・　変　・　回　）転して、勉強に励もう。

Ⅲ 語彙　＿＿点 /4

次の文の（　）に入る最も適当な語を選びなさい。

1　「有利」の対義語は「（　不　・　非　・　未　・　無　）利」だ。

2　あの人は、子どもの頃から積極（　的　・　性　・　化　・　感　）に欠ける。

3　イベントは大盛況で、会場は（　超　・　高　・　総　・　全　）満員だった。

4　生活（　代　・　金　・　料　・　費　）はすべて自分で稼いでいる。

Ⅳ 文法　＿＿点 /5

次の文の（　）に入る最も適当な語を選びなさい。

1　コンタクトレンズを（　つけ　・　つけた　・　つけて　・　つける　）まま、寝てしまいました。

2　この曲を聴く（　たびに　・　ばかり　・　ように　・　かぎり　）、当時のことを思い出す。

3　脚を折ってしまい、階段を使えない（　ことか　・　だけでも　・　ばかりか　・　ものでは　）、立ち上がるのも大変だ。

4　この先は私有地に（　わたり　・　よって　・　つき　・　ついて　）、立ち入り禁止です。

5　この町に初めて来た人には、ぜひこの風景も見て（　もらいたい　・　あげてほしい　・　くださりたい　・　さしあげてほしい　）と思います。

V 文法　　＿＿点 /4

次の文の（　）に入る最も適当な語を選びなさい。

1　先生は何時ごろ学校に（　いらっしゃいますか　・　まいられますか　・　うかがいますか　・　なさいますか　）。

2　社長には、私のアイディアを理解して（　いただく　・　いただける　・　さしあげる　・　くださる　）と思っていました。

3　美術館で先生の作品を（　まいった　・　うかがった　・　はいけんした　・　うけたまわった　）ことがあります。

4　ご多忙のこと（　と申し上げます　・　と存じます　・　でございます　・　でいらっしゃいます　）が、ご確認いただけますと幸いです。

大学に提出する出願書類（願書）の準備は進んでいますか？
特に、卒業証明書・成績証明書の翻訳、志望理由書、推薦状などは、
準備に時間がかかります。２か月以上かかることもあります。
試験勉強も重要ですが、願書の準備も忘れず進めていきましょう。

Day 8 / 30 days

練習問題 8

\やってみよう！/

配点			合計点
漢字	語彙	文法	
点 /20	点 /11	点 /9	点 /40

I 漢字 ＿＿点 /20

下線部について、ひらがなは漢字に、漢字はひらがなに直しなさい。送りがなのある語を漢字に直す際は送りがなも書きなさい。

1　日本では少子高齢化が①しんこくな社会問題になっている。

①(　　　　　　　)

2　試合に②備えて厳しい③れんしゅうをしてきたが、実力を十分に④発揮できなかった。

②(　　　　　　　)　③(　　　　　　　)

④(　　　　　　　)

3　⑤畳の部屋で正座していたら、⑥次第に足が⑦いたくなってきた。

⑤(　　　　　　　)　⑥(　　　　　　　)

⑦(　　　　　　　)

4　海沿いの町で生まれ育った彼は、舟を⑧よういに⑨あやつる。

⑧(　　　　　　　)　⑨(　　　　　　　)

5　日本国内にはさまざまな⑩方言が存在する。

⑩(　　　　　　　)

6　事情にくわしい人物を⑪紹介しましょう。

⑪(　　　　　　　)

7　道をふさいでいるバリケードを警察が⑫はいじょした。

⑫(　　　　　　　　　　)

8　山中に放置されたゴミの処分に⑬こまる。

⑬(　　　　　　　　　　)

9　これは⑭べんりなソフトで、使うと作業⑮こうりつが格段に高まります。

⑭(　　　　　　　　　　)　⑮(　　　　　　　　　　)

10　自然⑯現象を観察し、その原理について考察する。

⑯(　　　　　　　　　　)

11　人間の体内に⑰きせいする生物がいると思うとおそろしい。

⑰(　　　　　　　　　　)

12　たどり着いた山頂で、すばらしい景色を⑱眺める喜びを⑲あじわう。

⑱(　　　　　　　　　　)　⑲(　　　　　　　　　　)

13　新しい法案についてアンケートを行ったところ、賛成が７割を⑳しめていた。

⑳(　　　　　　　　　　)

Ⅱ 語彙　　＿＿点 /8

次の文の(　)に入る最も適当な語を選びなさい。

1　留学のための(　価格　・　費用　・　値段　・　定価　)を準備する。

2　試験の内容は変更になる(　積極性　・　継続性　・　普遍性　・　可能性　)があります。

3　社長の一言で、予算が(　とじられて　・　にげられて　・　けずられて　・　こすられて　)しまった。

4　洗剤がもう残り（　みじか　・　かすか　・　さすが　・　わずか　）なので、買い足す必要がある。

5　言葉が時代とともに変化するのはやむを（　かえない　・　とめない　・　しない　・　えない　）ことだ。

6　テレビなどの（　メディア　・　コメディー　・　コミュニケーション　・　インテリジェンス　）によって、世界中の情報が手に入るようになった。

7　激しい雨は少しずつ弱まりつつ（　とる　・　いる　・　ある　・　する　）ようだ。

8　もう10回も失敗している。次も（　どういう　・　どうして　・　どうにか　・　どうせ　）失敗するに決まっている。

Ⅲ 語 彙　＿＿＿点 /3

次の文の（　）に入る最も適当な語を選びなさい。

1　塩を買いに来たのにそれだけ買い忘れるとは、（　先　・　念　・　頭　・　間　）が抜けている。

2　物音が聞こえた気がして、耳を（　つかった　・　すました　・　さわった　・　もんだ　）。

3　「田中さんはこの政治家とも知り合いらしいよ。」「へえ。本当に（　顔がある　・　顔が広い　・　顔が大きい　・　顔がいい　）ね。」

Ⅳ 文法　　＿＿点 /6

次の文の（　）に入る最も適当な語を選びなさい。

1　彼の判断がまちがっている（　の　・　と　・　で　・　に　）は言えない。

2　朝にパンを（　食べる　・　食べて　・　食べた　・　食べない　）きり、何も口にしていない。

3　その塾は月謝（げっしゃ）が安い（　うえに　・　ために　・　ものの　・　わけで　）、先生がみんな親切だ。

4　理解しやすい（　つもりで　・　ために　・　ように　・　にともない　）イラストを用いて説明する。

5　その本はいつごろ読み終わり（　だそう　・　つもり　・　そう　・　よう　）ですか。

6　彼女（　でさえ　・　ならば　・　だけが　・　によって　）解けない問題が、私に解けるだろうか。

Ⅴ 文法　　＿＿点 /3

次の文の（　）に入る最も適当な語を選びなさい。

1　絵を描き直せば描き直すほど、よくなる（　ところに　・　どころか　・　ところが　・　ところで　）悪化してしまっている。

2　先生に今日の授業について尋ねた（　おかげで　・　ものの　・　ばかりに　・　ところ　）、親切に教えてくださった。

3　平日の昼間である（　にも関わらず　・　とはいえず　・　かと思いきや　・　にも及ばず　）、その店は多くの人でにぎわっていた。

Day 9 / 30 days

\やってみよう！/

配点			合計点
漢字	語彙	文法	
点 /20	点 /11	点 /9	点 /40

練習問題 9

I 漢字　＿＿点 /20

下線部について、ひらがなは漢字に、漢字はひらがなに直しなさい。送りがなのある語を漢字に直す際は送りがなも書きなさい。

1　テレビCMで新商品の①せんでんをする。

①（　　　　）

2　第一次産業に②就く人の数は年々③げんしょうしている。

②（　　　　）　③（　　　　）

3　十分な時間④ねることが、⑤けんこうにとっては重要だ。

④（　　　　）　⑤（　　　　）

4　最近は忙しく、ゆっくり休むだけの⑥余裕がない。

⑥（　　　　）

5　「雪」をテーマに⑦執筆された作品を集め、短編集を⑧編む。

⑦（　　　　）　⑧（　　　　）

6　町全体が雪に⑨覆われてから、今日で１週間が⑩たつ。

⑨（　　　　）　⑩（　　　　）

7　この大学では⑪生涯教育も提供されている。

⑪（　　　　）

8　⑫とちゅう参加であっても、参加費は全額⑬ふたんしていただきます。

⑫（　　　　）　⑬（　　　　）

9　子どもが成長する⑭かていを写真や映像で記録する。

⑭(　　　　　　　　　　)

10　この表現は、日本語に⑮翻訳するのが難しい。

⑮(　　　　　　　　　　)

11　この映画では音楽が⑯こうか的に⑰用いられている。

⑯(　　　　　　　　　　)　⑰(　　　　　　　　　　)

12　れんがを焼く技術を⑱獲得した人々は、しっくいより⑲丈夫なアスファルトを使用し、それを⑳つみ上げていこうとした。

⑱(　　　　　　　　　　)　⑲(　　　　　　　　　　)

⑳(　　　　　　　　　　)

Ⅱ 語彙　＿＿点 /7

次の文の(　)に入る最も適当な語を選びなさい。

1　一度注文したら、(　うち消す ・ とり消す ・ かき消す ・ もみ消す　) ことはできません。

2　この道には20(　奥 ・ 家 ・ 屋 ・ 軒　)ほどの民家が並んでいる。

3　近年、経済(　観 ・ 性 ・ 的 ・ 力　)のある女性がますます増加している。

4　怪我をしてしまった。(　やむをえず ・ わざわざ ・ とりあえず ・ わざと　)消毒しておこう。

5　店内の電気が消えている。(　ぜったいに ・ いっそ ・ どうやら ・ まして　)今日は休みらしい。

6　大学生になったら勉強は（　なるほど　・　けれども　・　あたかも　・　もちろん　）、サークル活動も楽しみたいです。

7　前（　足　・　人　・　歴　・　者　）未踏の境地に達する。

Ⅲ 語彙　＿＿点 /4

下線部の語の意味として最も適当なものを選びなさい。

1　これは正真正銘のダイヤモンドです。

ア　うそいつわりのないこと　　イ　不思議な感動を与えること

ウ　本当に有名であること　　エ　まっすぐにみえること

2　ふと頭上を見上げると、虹がかかっていた。

ア　理由もなく　　イ　ゆっくり

ウ　何度も　　エ　じっと

3　今日の服装はいつもより地味です。

ア　工夫がこらされているさま　　イ　ありふれているさま

ウ　質素で華やかさがないさま　　エ　奇抜で目新しいさま

4　彼女は教師の仕事に向いている。

ア　適している　　イ　満足している

ウ　関わっている　　エ　慣れている

Ⅳ 文法　＿＿点 /5

次の文の（　）に入る最も適当な語を選びなさい。

1　学校はあそこの（　橋を　・　橋に　・　橋で　・　橋が　）渡った先にあります。

2　この駅からは約 20 分（　までに　・　おきに　・　ずつに　・　うちに　）電車が出る。

3　難問であればある（　くらい　・　たび　・　とおり　・　ほど　）、それが解けたときの喜びは大きい。

4　この本はネットで買えるから、わざわざ本屋に行く（　うち　・　ゆえ　・　こと　・　ところ　）はない。

5　（　たとえば　・　たとえ　・　必ず　・　必ずしも　）冗談でも、そんなことを言うものではない。

Ⅴ 文法　＿＿点 /4

次の文の（　）に入る最も適当な語を選びなさい。

1　メールを（　出そう　・　出して　・　出さない　・　出した　）つもりでいたが、実際には出せていなかった。

2　父がどんなに（　怒れば　・　怒ったら　・　怒ろうと　・　怒るものの　）、私は海外で働くつもりだ。

3　近年、地方都市では人口が（　減ろう　・　減った　・　減る　・　減りそう　）一方だ。

4　寝不足のまま運転すると、事故を（　起こし　・　起こした　・　起こして　・　起こす　）かねない。

Day 10／30 days

力試しテスト 第1回

配点			合計点
漢字	語彙	文法	
点 /20	点 /20	点 /10	点 /50

漢字 ▶ ＿＿点 /12（1点×12）

1．下線部について、ひらがなは漢字に、漢字はひらがなに直しなさい。送りがなのある語を漢字に直す際は送りがなも書きなさい。

(1) 政治家の人間性そのものが①とわれてくることになります。（立教・改）

(2) なんだか重苦しい②ふんいきだ。（上智）

(3) 不利益を現実の個人に③おわせてはならない。（一橋・改）

(4) そういう道を歩ませることで利益を得る人たちが④大勢いる。（東京外国語）

(5) 「天体の回転について」という本を⑤あらわし、地動説を公表した。（早稲田・改）

(6) あの人の⑥端正な身のこなしには、つい見とれてしまう。

(7) 体調は⑦大丈夫なのか。（上智）

(8) 自分のことを⑧漠然と「子ども嫌い」な人間だと思っていた。（中央）

(9)
- 漢字は⑨せいかくに書いてください。
- 明るい⑩せいかくは、人と接する機会の多い仕事で歓迎される強みです。

(10)
- 学校中から、クラスを⑪こえて優秀な生徒たちが集まった。（立教・改）
- いくつもの山を⑫こえてはるばるやってきた民族。

①	②	③
④	⑤	⑥
⑦	⑧	⑨
⑩	⑪	⑫

漢字 ▶ ＿＿点 / 8（1点×8） 語彙 ▶ ＿＿点 / 1（1点×1）

2．次の文章を読み、後の各問いに答えなさい。

恥(はじ)の①きじゅんを論じる上で②じゅうようなのは、誰の目を③気遣っているのかという問題だ。人はそもそもすべての人々の④しせんを気にしているわけではない。仮に⑤ひはんされても笑われても、⑥べつに気にならないという相手もいる。逆に、自分がどう思われているか、常に（　　）をうかがってしまう人物もいる。羞恥心(しゅうちしん)がどのくらい敏感に⑦反応するかは相手によってずいぶん⑧異なる。

菅原健介『羞恥心はどこへ消えた？』より（早稲田・改）

⑴ 下線部①～⑧について、ひらがなは漢字に、漢字はひらがなに直しなさい。

⑵ （　　）に入る最も適当な語を次から選びなさい。

ア 顔色　イ 音色　ウ 気色　エ 景色

⑴①	⑴②	⑴③
⑴④	⑴⑤	⑴⑥
⑴⑦	⑴⑧	[語彙] ⑵

語彙 ▶ ＿＿点 / 6（2点×3）

3．次の文の（　）に入る最も適当な語を選びなさい。

⑴ 個性が存分に発揮できる社会を（　　）ことは急務である。

ア 仕上げる　イ 作る　ウ 建てる　エ 壊す

⑵ 彼の往生際(おうじょうぎわ)の悪さに、（　　）しまった。

ア あいて　イ あびて　ウ あきれて　エ あたって

⑶ 同じ言葉でも、異なる（　　）の中に登場すれば、異なる意味をもつ。

ア プロセス　イ コンテクスト　ウ バイアス　エ アイロニー

⑴	⑵	⑶

語彙 ▶ ＿＿＿点 / 5（1点×5）

4．次の文の（　）に入る最も適当な語を、漢字一字で書きなさい。

(1) いとこは力が強すぎて、とても（　　）が立たない。

(2) むやみにダイエットをすると、（　　）効果になることもある。

(3) 「ら抜き言葉」の是非を云々（うんぬん）すること自体、どこか（　　）が抜けていると感じるほどに、「ら抜き言葉」が一般化してしまった。（学習院・改）

(4) 心機（　①　）転して、前（　②　）未踏の領域の研究を始めた。

(1)	(2)	(3)
(4)①	(4)②	

文法 ▶ ＿＿＿点 / 4（1点×4）

5．次の文の（　）に入る最も適当な語を選びなさい。

(1) 品質が良くても、少量（　　）生産できなかったら、利益にならない。（亜細亜）

ア ばかり　イ だけ　ウ しか　エ のみ

(2) ノックをしても出てこないので、どうやら留守（　　）ようだ。（横浜商科・改）

ア に　イ だ　ウ で　エ の

(3) 欧米のあちこちで学んできたが、日本が好きで、ここに骨を埋（うず）める（　　）だから、心の中ではいつも日本人だと思っている。（立教）

ア だけ　イ つもり　ウ ところ　エ にいたるわけ

(4) 近年、多様性への関心が（　　）。

ア 高まってきた　イ 高めてきた

ウ 高まっていく　エ 高めさせた

(1)	(2)	(3)	(4)

語彙 ▶ ＿＿＿点 / 8（2点×4）

6．次の文の（　）に入る最も適当な語を選びなさい。

⑴　彼は（　　）的な犯罪に関与しているらしい。（明海）

ア　認識　　イ　知識　　ウ　組織　　エ　意識

⑵　自然環境を守るためには、登山者の人数制限も（　　）ことである。

ア　やぼな　　イ　無理からぬ　　ウ　やむなし　　エ　やめる

⑶　山頂にのぼると、（　　）遠くに富士山が見えた。

ア　かすか　　イ　はるか　　ウ　しずか　　エ　たしか

⑷　健康維持のためには、（　　）のとれた食事をすることが大切だ。

ア　センス　　イ　ノウハウ　　ウ　プラス　　エ　バランス

⑴	⑵	⑶	⑷

文法 ▶ ＿＿＿点 / 6（2点×3）

7．次の文章の（　　）に入る最も適当な語を、後から選びなさい。

インターネットは、誰でも気軽に情報を発信することができるメディアです。それ自体はすばらしいことなのですが、インターネットに流れる情報も、発信する人や組織（　1　）編集されています。悪意をもった人が虚偽の情報を流すことも容易です。悪意はなくても、思い込みで誤った情報を伝えてしまうかもしれません。（　2　）、内容が玉石混交（ぎょくせきこんこう）のメディアなのです。ということは、そこに出ている情報がどれぐらい確かなのか、受け手として、一つ一つを確認し、自分で判断しなければなりません。（　3　）受け手の力が最も問われるのです。

池上彰「メディアと上手に付き合うために」（『国語２』光村図書出版，2016）より

⑴　ア　に対して　　イ　によって　　ウ　だけが　　エ　でさえ

⑵　ア　たとえば　　イ　つまり　　ウ　そして　　エ　むろん

⑶　ア　まるで　　イ　せめて　　ウ　やがて　　エ　まさに

⑴	⑵	⑶

Day 11 / 30 days

練習問題 10

配点			合計点
漢字	語彙	文法	
点 /20	点 /11	点 /9	点 /40

I 漢字 ＿＿点 /20

下線部について、ひらがなは漢字に、漢字はひらがなに直しなさい。送りがなのある語を漢字に直す際は送りがなも書きなさい。

1　本に載っていた字の①誤りを指摘する。

①（　　　　　　）

2　レイアウトが②みごとにできあがると、③達成感がある。

②（　　　　　　）　③（　　　　　　）

3　この仕事は、④せきにん感の⑤欠けている人にはまかせられない。

④（　　　　　　）　⑤（　　　　　　）

4　彼にこれを⑥頼まれたときのことは、今も⑦せんめいにおぼえています。

⑥（　　　　　　）　⑦（　　　　　　）

5　⑧幼い子どもが⑨じこに巻き込まれたというニュースを聞き、胸を痛める。

⑧（　　　　　　）　⑨（　　　　　　）

6　細かく⑩きざまれた⑪穀物が入ったクッキーを食べる。

⑩（　　　　　　）　⑪（　　　　　　）

7　この人物は当時、⑫けいざい界の重鎮（じゅうちん）だと⑬称されていた。

⑫（　　　　　　）　⑬（　　　　　　）

8　災害発生時に政府が⑭下した判断の⑮是非を問う。

⑭（　　　　　　）　⑮（　　　　　　）

9　学生のころは⑯わかげの至りで、親に⑰めいわくをかけてしまっていた。

⑯(　　　　　　　　　)　⑰(　　　　　　　　　)

10　身の安全を⑱はかるため、頑丈な建物の中に避難する。

⑱(　　　　　　　　　)

11　その展覧会の開催期間中に⑲びじゅつかんへ訪れた人の数は、延べ30万人を⑳こえた。

⑲(　　　　　　　　　)　⑳(　　　　　　　　　)

Ⅱ 語 彙

＿＿＿点/7

次の文の(　)に入る最も適当な語を選びなさい。

1　この島は(　人造　・　加工　・　建造　・　人工　)的に造られたものだ。

2　そのチームは(　くやしい　・　わずかな　・　近い　・　おしい　)ところで優勝を逃した。

3　お近くにお越しの(　上は　・　回は　・　際は　・　時間は　)、ぜひお立ち寄りください。

4　ためになる話を聞いたので、忘れない(　うち　・　なか　・　こと　・　はず　)にメモしておこう。

5　月曜(　ともに　・　さらに　・　または　・　かつは　)火曜に参加可能なボランティアの方を募集します。

6　11月から雪が降るのは、この地方では(　決して　・　まことに　・　むしろ　・　もっぱら　)珍しいものではない。

7　彼はとても(　ストレート　・　ストリート　・　ストーリー　・　ストライプ　)にものを言うから、ときどきトラブルになる。

Ⅲ 語彙　＿＿点 /4

次の文の（　）に入る最も適当な語を選びなさい。

1　店員さんにうまく（　しかられて　・　いやがられて　・　おだてられて　・　ののしられて　）、つい服を買ってしまった。

2　この花はとても（　ゆるやか　・　ひそやか　・　あざやか　・　しめやか　）な赤い色をしている。

3　大型台風は広範囲に被害を（　もたらした　・　はかどった　・　ひきずった　・　よびこんだ　）。

4　今から行っても、（　せめて　・　せいぜい　・　せっかく　・　せいいっぱい　）30 分ぐらいしか居られないだろう。

Ⅳ 文法　＿＿点 /5

次の文の（　）に入る最も適当な語を選びなさい。

1　7月に入ってから、どんどん暑くなる（　いっぽう　・　もの　・　こと　・　うえ　）だ。

2　空を（　飛ぶ　・　飛べる　・　飛ぼう　・　飛んだ　）ものなら、一度は飛んでみたい。

3　社会人になって（　はじめは　・　はじめて　・　はじめに　・　はじまり　）、親のすごさがわかった。

4　時間（　による　・　につれて　・　と同時に　・　とともに　）気温も絶えず変化する。

5　100 年前に書かれたこの本は、当時の人々の日常を伝えて（　あげる　・　やる　・　くれる　・　もらう　）。

V 文法　＿＿点 /4

次の文の（　）に入る最も適当な語を選びなさい。

1　この苦難を共（　は　・　を　・　に　・　で　）乗り越えましょう。

2　一通り読んでみたもの（　で　・　の　・　を　・　は　）、何を言いたいのかさっぱりわからない。

3　あなたを心配しているから（　さえ　・　こそ　・　だけ　・　のみ　）注意したのです。

4　親に度を過ぎた干渉をされた子は、親を疎ましく思ったり、時には憎んだりすること（　のみ　・　さえ　・　だけ　・　やら　）あるでしょう。

助詞の問題は幅広い大学で出題されます。
難関大では、長文中の穴埋めという形でよく出ます。
苦手な人はしっかり対策を行いましょう！

Day 12 / 30 days

練習問題 11

\がんばろう！/

配点			合計点
漢字	語彙	文法	
点 /20	点 /11	点 /9	点 /40

I 漢字 ＿＿点 /20

下線部について、ひらがなは漢字に、漢字はひらがなに直しなさい。送りがなのある語を漢字に直す際は送りがなも書きなさい。

1 ハトは平和の①象徴だ。

①（　　　　　）

2 運動会の開会を②せんげんする。

②（　　　　　）

3 煙の充満した部屋から③脱出し、外を④目指した。

③（　　　　　）　④（　　　　　）

4 来月に実施される⑤しけんに向けて、着々と⑥じゅんびをすすめる。

⑤（　　　　　）　⑥（　　　　　）

5 これは⑦切実な問題です。ぜひ⑧率直な意見を聞かせてください。

⑦（　　　　　）　⑧（　　　　　）

6 地球温暖化は多くの国に⑨影響を⑩及ぼしている。

⑨（　　　　　）　⑩（　　　　　）

7 彼と彼女は二人とも教育学者だが、専門⑪ぶんやは異なっている。

⑪（　　　　　）

8 ボールが⑫ころがっていったので、道が⑬かたむいているとわかった。

⑫（　　　　　）　⑬（　　　　　）

9　この絵は鑑賞者に目の⑭錯覚を起こさせる。

⑭(　　　　　　　　　　)

10　この問題については、⑮けんきゅうしゃの間でも意見が⑯いっちしない。

⑮(　　　　　　　　　　)　⑯(　　　　　　　　　　)

11　残業続きで⑰ひろうがたまっていたせいか、お店で⑱払うお金を間違えてしまった。

⑰(　　　　　　　　　　)　⑱(　　　　　　　　　　)

12　この道を行くと、隣の県との⑲きょうかいになっている川に⑳至る。

⑲(　　　　　　　　　　)　⑳(　　　　　　　　　　)

Ⅱ 語彙　＿＿点 /7

次の文の(　)に入る最も適当な語を選びなさい。

1　林さんはまだ失恋から(　立ち向かって ・ 立ち直って ・ 立ち止まって ・ 立ち切って　)いないようだ。

2　先輩から同じ話を何度も聞かされて(　どんより ・ うんざり ・ こってり ・ しんみり　)する。

3　(　こいしい ・ あこがれる ・ なつかしい ・ うらやましい　)なあ。小学生のころはよくこの道を歩いたものだ。

4　日本に留学しようと思った(　理由 ・ 原因 ・ 由来 ・ 起源　)を聞かせてください。

5　目上の相手を呼び捨てにするのは、失礼に(　あたります ・ かかります ・ とります ・ あたえます　)。

6　そんな突拍子もない話、（　とうてい　・　かならず　・　かならずや　・　どうか　）事実とは思えない。

7　この年に初めて海外渡航の自由（　的　・　化　・　性　・　級　）が実施された。

Ⅲ 語彙　＿＿点 /4

次の文の（　）に入る最も適当な語を選びなさい。

1　友達と一緒に、海外旅行の（　プラン　・　チャンス　・　ステップ　・　ゴール　）を練った。

2　彼女は（　ユニーク　・　オリジナル　・　ユーモア　・　スマート　）たっぷりに話して、みんなを笑わせた。

3　災害の（　チーム　・　リスク　・　デンジャー　・　レベル　）管理に対する意識が年々高まってきている。

4　昔の地図を見ながら、当時の風景を（　デザイン　・　セット　・　イマジン　・　イメージ　）する。

Ⅳ 文法　＿＿点 /5

次の文の（　）に入る最も適当な語を選びなさい。

1　急いで走ってきたので、汗（　ばかり　・　まみれ　・　含み　・　ずくめ　）になってしまった。

2　目標（　にむかって　・　にあたって　・　において　・　にのって　）毎日努力することが大切です。

3　この書類はできる（　限り　・　限りに　・　ことは　・　ように　）早く提出してください。

4　最近は夜遅くまで仕事をしていて、寝不足（　ぎみ ・ げ ・ がち ・ ふう　）です。

5　観光客が増えたのは良いことだが、（　要するに ・ まるで ・ その反面 ・ ゆえに　）、繁華街の混雑が深刻化している。

V 文法

＿＿＿点 /4

次の文の（　）に入る最も適当な語を選びなさい。

1　無理をして（　働かず ・ 働く ・ 働いた ・ 働かん　）ばかりに、体調を崩してしまった。

2　夏休みに旅行に（　行けば ・ 行こうと ・ 行くなら ・ 行ったら　）、北海道がいい。

3　この平安時代の貴族の日記には、月食に関する記述が（　見出される ・ 見出してある ・ 見出している ・ 見出させる　）。

4　彼はドアを開けて嫌な顔をした。来訪者が私だと知って（　いたら ・ いても ・ いたから ・ いたのに　）、彼はドアを開けなかっただろう。

Day 13 / 30 days

練習問題 12

＼がんばろう！／

配点			合計点
漢字	語彙	文法	
点 /20	点 /10	点 /10	点 /40

Ⅰ 漢字　＿＿点 /20

下線部について、ひらがなは漢字に、漢字はひらがなに直しなさい。送りがなのある語を漢字に直す際は送りがなも書きなさい。

1　問題を①かいけつするために、この方法を②試してみましょう。

①(　　　　　)　②(　　　　　)

2　オフィスの室温と湿度を③さいてきに④保つ。

③(　　　　　)　④(　　　　　)

3　⑤いそがしいのでしょうが、⑥ちこくする際は早めに連絡をください。

⑤(　　　　　)　⑥(　　　　　)

4　歯医者から⑦度々注意されたため、その子はよく歯を⑧みがくようになった。

⑦(　　　　　)　⑧(　　　　　)

5　台風が近づいているので、大会は中止になる⑨かのうせいが⑩濃厚だ。

⑨(　　　　　)　⑩(　　　　　)

6　人は、社会や文化によって作られた⑪枠組みの中で思考するものだ。

⑪(　　　　　)

7　現在の自分の状態に⑫該当する項目には○をつけてください。

⑫(　　　　　)

8　この本は、作者が⑬自らの経験をもとに書いた小説である。

⑬(　　　　　)

9　ボスとなるサルが⑭群れ全体を⑮統率する。

⑭(　　　　　　　　　　)　⑮(　　　　　　　　　　)

10　この法案については、批判的な意見と⑯こうてい的な意見の両方が出た。

⑯(　　　　　　　　　　)

11「⑰法人」は、法律によって⑱けんりや⑲ぎむをもつと⑳みとめられた団体のことである。

⑰(　　　　　　　　　　)　⑱(　　　　　　　　　　)

⑲(　　　　　　　　　　)　⑳(　　　　　　　　　　)

Ⅱ 語彙　＿＿点/6

次の文の(　)に入る最も適当な語を選びなさい。

1　この課題は必ず(　日数　・　日頃　・　期日　・　過日　)までに提出してください。

2　書庫に入ると、(　いかがわしい　・　いさましい　・　あさましい　・　おびただしい　)数の本が並んでいた。

3　この町には何度も来ているのに、(　どうか　・　どうにか　・　どうして　・　どうも　)道を覚えられない。

4　(　ぽつぽつ　・　かつかつ　・　こつこつ　・　きつきつ　)と貯めてきた小銭がもうすぐ10万円に達しそうだ。

5　あの人はすぐに約束を破るので、(　目　・　手　・　腹　・　頭　)にくる。

6　小林さんに話しかけたが、「さあ」という(　くだらない　・　そっけない　・　みっともない　・　あどけない　)言葉しか返ってこなかった。

Ⅲ 語彙　　＿＿点 /4

下線部の語の意味として最も適当なものを選びなさい。

1　今日はトラブルが２件も起こって、あわただしい一日だった。
　ア　進展がないさま　　イ　厳しく怒られるさま
　ウ　疲れ果てるさま　　エ　落ち着かないさま

2　子どもたちに将来の夢を聞いたら、返ってきた答えはまちまちだった。
　ア　それぞれが違っていること
　イ　すべてが違っているわけではないこと
　ウ　それぞれが同じであること
　エ　すべてが同じであるわけではないこと

3　正しくない仮説は、いずれはくつがえされる。
　ア　いつかは　　イ　どれかしらは
　ウ　どちらかは　　エ　誰かによって

4　雲が出てきたかと思うと、にわかに雨が降り始めた。
　ア　じっくりと　　イ　はっきりと
　ウ　急に　　エ　激しく

Ⅳ 文法　　＿＿点 /6

次の文の（　）に入る最も適当な語を選びなさい。

1　急用が（　入らなかった ・ 入らない ・ 入った ・ 入りそうな　）限り、参加する予定です。

2　彼女の書いた文章は、論文（　というより ・ というから ・ といえば ・ といったら　）感想文と言ったほうが近い。

3　春に「小春日和（こはるびより）」と使うのは、本来の意味（　とは　・　にも　・　だけ　・　には　）ずれているよ。

4　長期（　にわたって　・　のみならず　・　必ずしも　・　あたかも　）一つの企業に所属し続けるのが、一昔前までの日本のスタンダードだった。

5　「何が幸せなのか」という価値観は、人それぞれ違う（　ため　・　せい　・　ほう　・　はず　）です。

6　台風は今週末にでも日本に上陸する（　おそれがある　・　はずがある　・　ものだ　・　ことか　）。

V 文法　＿＿点 /4

次の文の（　）に入る最も適当な語を選びなさい。

1　この薬は人に（　とっては　・　よっては　・　ついて　・　反して　）効果がないことがあります。

2　ＲとＬの発音を区別するのは、多くの日本人に（　つれて　・　もって　・　とって　・　そって　）難しい。

3　何も手伝わなかった（　ために　・　おかげで　・　くせに　・　せいで　）、仕上がりに文句を言うのはやめてください。

4　１か月の休みがもらえる（　としたら　・　だとしたら　・　とみると　・　だとみると　）、何をしたいですか。

Day 14 / 30 days

練習問題 13

\ がんばろう！ /

配点			合計点
漢字	語彙	文法	
点 /20	点 /11	点 /9	点 /40

I 漢字 ＿＿点 /20

下線部について、ひらがなは漢字に、漢字はひらがなに直しなさい。送りがなのある語を漢字に直す際は送りがなも書きなさい。

1　人は①衣食住が足りていれば②満足できるというわけではない。

①(　　　　　　)　②(　　　　　　)

2　両親に代わり、幼い彼を③じっさいに④ささえていたのは、彼の姉でした。

③(　　　　　　)　④(　　　　　　)

3　この場所には初めて来たはずなのに、なぜか⑤懐かしい気持ちになった。

⑤(　　　　　　)

4　彼女は、交渉の場では⑥本音と建て前を⑦巧みに使い分ける。

⑥(　　　　　　)　⑦(　　　　　　)

5　この⑧りょかんは⑨せいそうが隅々まで行き届いていて、気持ちがいい。

⑧(　　　　　　)　⑨(　　　　　　)

6　年をとるにつれ、食べ物の⑩嗜好が変化してきた。

⑩(　　　　　　)

7　彼女と私は⑪たいしょうてきな⑫きょうぐうで育ったが、よく気が合う。

⑪(　　　　　　)　⑫(　　　　　　)

8　あの人は職場での出世や⑬しょうしんに大きな⑭かちを見いだしている。

⑬(　　　　　　)　⑭(　　　　　　)

9　嘘をついておいて人から⑮しんらいされたいと言うのは、⑯矛盾でしょう。

⑮(　　　　　　　　)　⑯(　　　　　　　　)

10　適当な⑰ひょうてきをつくって息苦しさを⑱発散しているのが、近年の「炎上」だ。

⑰(　　　　　　　　)　⑱(　　　　　　　　)

11　その物質の構造は乱雑に見えたが、⑲秩序が⑳潜んでいたことが判明した。

⑲(　　　　　　　　)　⑳(　　　　　　　　)

Ⅱ 語彙　＿＿点 /7

次の文の(　)に入る最も適当な語を選びなさい。

1　ここから病院まで(　危うく ・ ほそぼそと ・ せめて ・ 少なくとも　)20分はかかる。

2　明日は決して遅刻しないよう、くぎを(　かける ・ すえる ・ ふれる ・ さす　)。

3　観客はピアノの(　名 ・ 高 ・ 優 ・ 秀　)演奏に耳を傾けた。

4　会社の(　ホームページ ・ オンライン ・ ネット ・ ウェブ　)のデザインを変えたところ、とても評判がいい。

5　今は難しくても、コツを(　おけば ・ はなせば ・ つかめば ・ とれば　)すぐにできるようになりますよ。

6　この記述は、(　たいした ・ めったな ・ あながち ・ さすがの　)間違っているとも言えない。

7　この先工事中につき、この道は(　進行 ・ 通行 ・ 強行 ・ 運行　)止めです。

Ⅲ 語 彙　　＿＿点 /4

次の文の（　）に入る最も適当な語を選びなさい。

1　（　ゆらゆら　・　ごろごろ　・　だらだら　・　ぶらぶら　）と長いばかりの話が続いて退屈だ。

2　スマートフォンを（　うっかり　・　しっかり　・　こっそり　・　ひっそり　）机の上に置いたまま、家を出てしまった。

3　なくしたと思っていた財布が出てきて、（　ほっと　・　ぎょっと　・　どっと　・　ざっと　）した。

4　打ち合わせの希望日がみんな（　ぶらぶら　・　ばらばら　・　ひらひら　・　ぱらぱら　）で、スケジュール調整ができなかった。

Ⅳ 文 法　　＿＿点 /6

次の文の（　）に入る最も適当な語を選びなさい。

1　天気予報では晴れると言っていた（　ので　・　のも　・　のは　・　のに　）、雨が降ってきた。

2　地球温暖化の解決策については、何度も議論（　されてくる　・　されていく　・　されていった　・　されてきた　）。

3　体調を崩した（　せいで　・　おかげで　・　あまり　・　おそれで　）、楽しみにしていたコンサートに行けなかった。

4　憲法の解釈（　とともに　・　をめぐって　・　に応じて　・　でもって　）、活発な議論が行われている。

5　本日は遠方よりお越し（　いただき　・　もらい　・　くれ　・　いたし　）まして、ありがとうございます。

6　まさか私が司会者に指名されるなんて（　思ってもみなかった ・ 思っていられなかった ・ 思おうとしなかった ・ 思わずにはいられなかった　）。

V 文法

______点 /3

次の文の（　）に入る最も適当な語を選びなさい。

1　来週月曜にゴミ拾いを行います。（　しかも ・ つまり ・ ただし ・ ゆえに　）雨が降ったら中止します。

2　店を出た後、仕事に行くべきか、（　それほど ・ それとも ・ それでも ・ それでは　）家に帰るべきか、悩んでいる。

3　もう絶対に勝手に部屋に入らないと約束した（　反面 ・ としたら ・ にもかかわらず ・ かわりに　）、今日も妹は入ったようだ。

「試験時間にちょうど間に合うように出発したけど、
電車の遅延で間に合わない！」なんてことにならないように、
試験当日は十分な余裕をもって出発しましょう。
遅刻しそうなときは、大学に連絡します。緊急時の連絡先は
大学の Web サイトや入試要項に載っているので、
メモしておきましょう。

Day 15 / 30 days

練習問題 14

配点			合計点
漢字	語彙	文法	
点 /20	点 /11	点 /9	点 /40

Ⅰ 漢字 ＿＿点 /20

下線部について、ひらがなは漢字に、漢字はひらがなに直しなさい。送りがなのある語を漢字に直す際は送りがなも書きなさい。

1　時間の①よゆうがないので、細かい説明は②省きます。

①（　　　　　　）　②（　　　　　　）

2　自分に 100％正義があると考える、その③こんきょは何なのだろうか。

③（　　　　　　）

3　「④恐ろしいものを見た」と言ったきり、彼は⑤黙りこんでしまった。

④（　　　　　　）　⑤（　　　　　　）

4　世界と自分とのつながりを⑥ばいかいするのが、文字です。

⑥（　　　　　　）

5　面白さが求められるテレビ番組は、ときに⑦極端な⑧誇張をする。

⑦（　　　　　　）　⑧（　　　　　　）

6　このスマホは高⑨きのうで気に入っていたが、昨日地面に落として画面を⑩わってしまった。

⑨（　　　　　　）　⑩（　　　　　　）

7　相手と自分との⑪間柄によって、使われる⑫語彙にも変化が表れる。

⑪（　　　　　　）　⑫（　　　　　　）

8 近年、日本では出生率が⑬ていかし続けている。⑭しょうしこうれいかを止めるにはどうしたらいいのだろう。

⑬(　　　　　　　　　　)　⑭(　　　　　　　　　　)

9 今日が締め切りだったのに、レポートを提出し⑮そこねた。

⑮(　　　　　　　　　　)

10 深海では⑯生身の人間は生きていられません。

⑯(　　　　　　　　　　)

11 毎日の運動を⑰しゅうかんづけられたら、体も心も⑱鍛えられますよ。

⑰(　　　　　　　　　　)　⑱(　　　　　　　　　　)

12 労働⑲じょうけんが⑳劣悪な職場を選んでしまわないよう、契約書にはしっかり目を通すべきだ。

⑲(　　　　　　　　　　)　⑳(　　　　　　　　　　)

Ⅱ 語彙　　＿＿点 /8

次の文の(　)に入る最も適当な語を選びなさい。

1 予想外の結末に、(　ぼうぜんと　・　さんぜんと　・　ゆうぜんと　・　きぜんと　)立ち尽くす。

2 (　たとえ　・　どうか　・　きっと　・　せめて　)500円あれば、電車の切符が買えるのに。

3 隣国との信頼関係を再(　建築　・　建設　・　構築　・　構造　)することが強く求められる。

4 海に向かって、(　がんじょうな　・　そうぞうしい　・　なだらかな　・　いたいたしい　)坂が続いている。

5　マンションの（　背　・　骨　・　足　・　手　）抜き工事が発覚する。

6　まだまだ仕事が山積みで、（　かなり　・　大変　・　とても　・　そうとう　）今日中には終わりそうにない。

7　しつこい相手に「もういいかげんに（　うちあげたい　・　きりあげたい　・　つりあげたい　・　とりあげたい　）」という内容を伝える場合にも、笑顔で対応することがある。

8　この建物で火事が起こったと仮定して（　いよう　・　みよう　・　しまおう　・　もらおう　）。その場合、どう行動したらいいだろうか。

Ⅲ 語彙　＿＿＿点 /3

下線部の語の意味に最も近いものを選びなさい。

1　私は友人との約束は必ず守るようにしている。
　ア　達する　　イ　負う　　ウ　果たす　　エ　引き受ける

2　遠くで鳴る楽器の音を聞いていた男は、しばしばうなずいていた。
　ア　ときどき　　イ　しきりに　　ウ　たまに　　エ　ずっと

3　社長がコーヒーを買ってきてほしいとお願いするときは、暗に「一人になりたい」ということを伝えています。
　ア　軽はずみに　　イ　遠回しに　　ウ　長続きして　　エ　早とちりして

Ⅳ 文法　＿＿点 /5

次の文の（　）に入る最も適当な語を選びなさい。

1　人の心は変わりやすい（　ころ　・　もの　・　こと　・　ほど　）だ。

2　いったん引き受けた（　とは　・　あまり　・　ことから　・　からには　）、最後までやりとげる。

3　野球をしていたことがある（　といえば　・　にかかわらず　・　とすれば　・　といっても　）、ほんの1か月だけです。

4　メニュー表には、「スープはご自由に（　お取り　・　お取りして　・　お取りされて　・　お取りにして　）ください」と書かれている。

5　所得が多い（　やら　・　より　・　とも　・　ほど　）、税も高くなる。

Ⅴ 文法　＿＿点 /4

次の（　）の中に、適切な助詞をひらがな1字で書き入れなさい。

1　映画館で上映している作品はどれ（　　　　）面白そうで、どれを観るか決めるのが難しい。

2　あいさつしたのに、返事をされるどころ（　　　　）無視されてしまった。

3　このクーポンは、県内のお店（　　　　）しか使えない。

4　上司に質問しに行きたいが、忙しそうで行く（　　　　）行けない。

Day 16 / 30 days

練習問題 15

がんばろう！

配点			合計点
漢字	語彙	文法	
点 /20	点 /11	点 /9	点 /40

I 漢字

＿＿点 /20

下線部について、ひらがなは漢字に、漢字はひらがなに直しなさい。送りがなのある語を漢字に直す際は送りがなも書きなさい。

1　兄は家業を継ぐことを①きょひし、好きな会社に②つとめている。

①(　　　　　　)　②(　　　　　　)

2　さっき、あなた宛ての③郵便物が届いたので、私が④たいおうしました。

③(　　　　　　)　④(　　　　　　)

3　自分のやっていることに⑤ほこりをもって働きたい。

⑤(　　　　　　)

4　彼の態度は、我々の目には生意気に⑥うつった。

⑥(　　　　　　)

5　⑦ぎろんが盛り上がり、予定していた時間を⑧えんちょうしてしまった。

⑦(　　　　　　)　⑧(　　　　　　)

6　この小説のラストは、読み手に⑨かいしゃくを⑩委ねる形になっている。

⑨(　　　　　　)　⑩(　　　　　　)

7　明日のパーティーで使う食材を⑪吟味する。

⑪(　　　　　　)

8　彼はいつも新しいことを勉強していて、好奇心の⑫塊のような人だ。

⑫(　　　　　　)

9　あなたの考え方は⑬偏っているのではないですか。もう少し⑭素直に受け止められませんか。

⑬(　　　　　　　　)　⑭(　　　　　　　　)

10　⑮さっこんは、社内に新しい部門が⑯発足しては、すぐに消滅している。

⑮(　　　　　　　　)　⑯(　　　　　　　　)

11　彼女の⑰優れた⑱のうりょくに⑲憧れていると彼は言うが、⑳若干のねたみもありそうだ。

⑰(　　　　　　　　)　⑱(　　　　　　　　)

⑲(　　　　　　　　)　⑳(　　　　　　　　)

Ⅱ 語彙

＿＿＿点 /7

次の文の(　)に入る最も適当な語を選びなさい。

1　私の家から駅まで(　めった　・　たった　・　すっと　・　ちょっと　)3分しかかからない。

2　簡単そうに見えた作業が、(　案外　・　論外に　・　以外に　・　案の定　)、難しいことがわかった。

3　元気があるときには、(　思い込んで　・　思い切って　・　思い余って　・　思いやって　)やりたかったことにチャレンジするのがよい。

4　冠婚葬祭(かんこんそうさい)では、ある程度(　ポピュラー　・　パブリック　・　フォーマル　・　グレード　)な服装が求められる。

5　精神と肉体は(　上下　・　左右　・　表裏　・　天地　)一体にあるという考えがある。

6　子どもは親のすることを学ぶ。親のやることを見て生活するのだから、（　依然　・　天然　・　当然　・　漠然　）親に似てくる。

7　急いでいるときこそ物事を慎重に進めるべきだ、という意味のことわざに「急がば（　とまれ　・　まわれ　・　とおれ　・　はしれ　）」がある。

Ⅲ 語彙　＿＿点 /4

次の文の（　）に入る最も適当な語を選びなさい。

1　白いドレスで結婚式に出席するのは（　不　・　無　・　非　・　未　）常識だ。

2　（　諸　・　複　・　各　・　多　）事情により、この作品の公開日は変更となりました。

3　駅前に新しいビルが建つかどうかは、（　現　・　今　・　次　・　直　）段階ではわかっていない。

4　会長が退任し、前会長の影響（　上　・　中　・　下　・　内　）にあった人たちは、全員が辞めさせられた。

Ⅳ 文法　＿＿点 /6

次の文の（　）に入る最も適当な語を選びなさい。

1　私が調べた（　かぎり　・　ほど　・　うえ　・　ばかり　）では、この本はもう入手困難らしい。

2　夢に（　でも　・　だけ　・　まで　・　すら　）見た賞を受賞することができ、うれしくてたまらない。

3　君の意見はアイデア（　にとって　・　によって　・　として　・　とされて　）はいいが、実現するのは難しい。

4　長年欲しかった本を買ってもらった（　だけに　・　なのに　・　ものの　・　からには　）、読んでみるとおもしろくなかった。

5　今日、私は先生から興味深い話を（　聞かせられた　・　聞かせてくれた　・　聞かせてあげた　・　聞かせてもらった　）。

6　言葉づかいには、その人の内面が表れる。美しい言葉を身につけておきたい（　ものだ　・　ことだ　・　からだ　・　ときだ　）と思う。

V 文法　　____点 /3

次の文の（　）に入る最も適当な語を選びなさい。

1　ここから先は天井が低くなっておりますので、（　ご注意ください・ご注意してください・ご注意されてください・ご注意させてください　）。

2　お客様に料理を（　お出しになる　・　お出しする　・　お出しなさる　・　お出しにする　）。

3　すみませんが、ここは禁煙ですので、タバコは遠慮（　していただきませんか　・　していただけませんか　・　させていただきませんか　・　させていただけませんか　）。

「うつる（うつす）」には複数の漢字がありますが、
書き分け方はわかるでしょうか？
複数の漢字をもつ言葉は、試験でよく問われるので、
注意して覚えましょう。
「うつる（うつす）」の書き分けを知りたい人は、
p. 137 の巻末資料を見てください。

Day 17 / 30 days

練習問題 16

＼がんばろう！／

配点			合計点
漢字	語彙	文法	
点 /20	点 /11	点 /9	点 /40

I 漢字　　＿＿点 /20

下線部について、ひらがなは漢字に、漢字はひらがなに直しなさい。送りがなのある語を漢字に直す際は送りがなも書きなさい。

1　来年、この①ちいきに大②きぼな商業施設ができるらしい。

①(　　　　　　)　②(　　　　　　)

2　事故現場には、急ブレーキをかけた③けいせきは残っていなかった。

③(　　　　　　)

3　親戚の家族の④留守中、彼らのペットを⑤あずかることになった。

④(　　　　　　)　⑤(　　　　　　)

4　この屋根は古いから、ずいぶん⑥傷んで⑦雨漏りをしてしまっている。

⑥(　　　　　　)　⑦(　　　　　　)

5　1998年を⑧さかいに、日本の完全失業率は急⑨じょうしょうを始めた。

⑧(　　　　　　)　⑨(　　　　　　)

6　長い闘病生活の末、持病を⑩克服した。

⑩(　　　　　　)

7　知人の突然の⑪訃報を聞き、とても驚いた。

⑪(　　　　　　)

8　先輩に演技の⑫稽古をつけてもらう。

⑫(　　　　　　)

9　近年その会社は急成長しており、まさに⑬とぶ鳥を落とす⑭勢いだ。

⑬(　　　　　　　　)　⑭(　　　　　　　　)

10　異質な他者と⑮きょうぞんするための基盤を、この社会に⑯けいせいする必要がある。

⑮(　　　　　　　　)　⑯(　　　　　　　　)

11　話が⑰抽象的すぎるので、もう少し⑱ぐたい的に説明してもらえますか。

⑰(　　　　　　　　)　⑱(　　　　　　　　)

12　⑲素朴な農村の風景をうたったこの詩には、⑳比喩表現がいくつか見られる。

⑲(　　　　　　　　)　⑳(　　　　　　　　)

Ⅱ 語彙　＿＿点 /7

次の文の(　)に入る最も適当な語を選びなさい。

1　お気に入りの自転車が壊れたので、(　改修　・　改善　・　修理　・　修正　)してもらった。

2　子どもは怪我をした箇所を(　しきりに　・　めったに　・　ついでに　・　ついに　)気にしていた。

3　ゆかたを着て花火を見るというのは、日本では夏の(　風物詩　・　叙事詩　・　定型詩　・　象徴詩　)である。

4　幼い妹が自転車に乗っているのを見ると、転びそうで(　ふらふら　・　へらへら　・　ひらひら　・　はらはら　)する。

5　足を滑らせないよう、注意を(　とって　・　構えて　・　感じて　・　払って　)山道を進む。

6　書類の提出期限に間に合わなかった。もうあきらめる（　ままならない　・　すぎない　・　ほかない　・　ありえない　）。

7　どこまでが生物でどこからがそうでないのか、線を（　描く　・　消す　・　越える　・　引く　）のはなかなか難しい。

Ⅲ 語 彙　＿＿点 /4

次の文の（　）に入る最も適当な語を選びなさい。

1　彼の勤勉ぶりには（　目　・　頭　・　首　・　腰　）が下がる。

2　転んだうえに財布までなくして、泣きっ面に（　蛇　・　蜂　・　犬　・　熊　）だ。

3　時間ができたので、これから腰を（　かけて　・　すえて　・　ふれて　・　さして　）執筆にとりかかるつもりだ。

4　山道を歩いていたら突然大きな蛇が出てきて、（　きもをつぶした　・　手をみつめた　・　しりをかくした　・　頭を冷やした　）。

Ⅳ 文 法　＿＿点 /5

次の文の（　）に入る最も適当な語を選びなさい。

1　周囲の反対（　をよそに　・　にかけて　・　に対して　・　を背負って　）、二人は結婚した。

2　飲酒運転に（　よって　・　よる　・　よれば　・　よると　）事故は、なかなか減らない。

3　遊びよりも勉強を優先するのが学生という（　こと　・　ほう　・　もの　・　かた　）だ。

4　実際に行ってみないことには、その土地の雰囲気は（　わかってはならない・わかるだろう　・　わかるはずだ　・　わからない）。

5　参加者の一人が寝坊したので、私たちは30分（　待たせた　・　待たれた　・待たれさせた　・　待たされた　）。

V 文法　______点 /4

次の文の（　）に入る最も適当な語を選びなさい。

1　隣近所の人と親しげに会話をする光景は、近年失われ（　さえ　・　つつ　・のに　・　のみ　）ある。

2　壁紙を変えたこと（　で　・　が　・　も　・　を　）、部屋の雰囲気がずいぶん明るくなった。

3　相手の話をよく聞かずに返事をしてしまった（　ら　・　の　・　が　・　と　）ために、あとで大変なことになった。

4　桜が開花して最初の週末（　が　・　に　・　と　・　も　）あって、公園は人が多かった。

慣用句の問題としては、「口にする」「顔が広い」「肝をつぶす」等々、体の一部を使ったものがよく出題されています。
p.138 で重要な慣用句をまとめているので、
ぜひ確認してみてください。

Day 18 / 30 days

練習問題 17

漢字	語彙	文法	合計点
点 /20	点 /11	点 /9	点 /40

がんばろう！

Ⅰ 漢字　＿＿点 /20

下線部について、ひらがなは漢字に、漢字はひらがなに直しなさい。送りがなのある語を漢字に直す際は送りがなも書きなさい。

1　身ぶりや表情から、相手の①意図をくむ。

①(　　　　　　)

2　川の底に②しずんでいた自転車が引き上げられた。

②(　　　　　　)

3　一日の必要栄養素量に③もとづいて、バランスよく食品を④摂取する。

③(　　　　　　)　④(　　　　　　)

4　リーダーは、組織の⑤こうせいいんの健康や精神状態に⑥はいりょするのが望ましい。

⑤(　　　　　　)　⑥(　　　　　　)

5　彼女は急いで⑦支度を⑧済ませると、駅に向かって出発した。

⑦(　　　　　　)　⑧(　　　　　　)

6　資金不足のために、事業は⑨挫折してしまった。

⑨(　　　　　　)

7　登山中、⑩ぐうぜん熊に⑪遭遇してしまった場合の対処法を聞く。

⑩(　　　　　　)　⑪(　　　　　　)

8　円相場の下落により、大きな不利益を⑫被った。

⑫（　　　　　　　　　　）

9　人間固有の⑬そんげんは⑭まもられなければならない。

⑬（　　　　　　　　　　）　⑭（　　　　　　　　　　）

10　この地域で⑮繁盛している店の間には、ある⑯るいじ点があった。

⑮（　　　　　　　　　　）　⑯（　　　　　　　　　　）

11　自分の中の⑰さべつ意識を完全に⑱拭い去るのは難しい。

⑰（　　　　　　　　　　）　⑱（　　　　　　　　　　）

12　市民の生活の質を⑲こうじょうさせ、⑳享受できる自由を増大させるよう努める。

⑲（　　　　　　　　　　）　⑳（　　　　　　　　　　）

Ⅱ 語彙　＿＿点 /8

次の文の（　）に入る最も適当な語を選びなさい。

1　彼は天才というより、（　決して　・　せめて　・　むしろ　・　もっぱら　）努力家と言ったほうが正しい。

2　彼は何か思い立ったら、すぐに（　運動　・　行動　・　動作　・　行為　）に移す。

3　人は、新しいものに出会ったとき、これまでの経験に（　生かして　・　照らして　・　積んで　・　振り返って　）対処しようとする。

4　この部屋は安くて広いが、周辺環境の（　色　・　線　・　数　・　点　）で問題がある。

5　彼女は合格通知を見たとたん、うれしさの（　あまり　・　たびに　・　とおり　・　ゆえに　）泣き出した。

6　イベントでは（　比較外　・　推測外　・　範囲外　・　想定外　）の事態が立て続けに起こり、対応に追われた。

7　これは彼にとって（　デリケート　・　タイト　・　ラフ　・　センス　）な問題なので、触れる際は注意したほうがいい。

8　二度目のけんかで、友人との間の（　穴　・　壁　・　溝　・　口　）がますます深まった。

Ⅲ 語彙　＿＿点 /3

下線部の語の意味として最も適当なものを、後からそれぞれ選びなさい。

1　意見のすれ違いにより、あつれきが生じた。
2　移民によって形成されたコミュニティ。
3　ジェンダーに関する議論が、近年活発になってきている。

ア　争いあって仲が悪くなること　　イ　学問・教養のある人
ウ　一定の地域に住み、共同体意識をもつ人々の集団
エ　社会的・文化的につくられた性差

1（　　　）　2（　　　）　3（　　　）

Ⅳ 文法　＿＿点 /5

次の文の（　）に入る最も適当な語を選びなさい。

1　彼は落ち着く（　ところ　・　一方　・　どころ　・　ばかり　）か、ますます腹を立ててしまった。

2　ついにコンサート当日だ。この日をどんなに待っていた（　こと　・　ため　・　から　・　もの　）か。

3　台風が近づいている（　にして　・　とあって　・　にあって　・　として　）、出歩いている人は少なかった。

4　嵐でも来ない（　からには　・　からこそ　・　かぎり　・　だけで　）、イベントは予定通り行います。

5　少子高齢化は、日本（　にあたって　・　にもかかわらず　・　ものの　・　のみならず　）、多くの国で問題になっている。

V 文法

＿＿＿点 /4

（　）の中の語を適切な形に変え、文を完成しなさい。

1　この仕事はぜひ私に（ やる ）ください。

2　今日から旅行のはずだったが、高熱が出たので（ あきらめる ）ざるをえない。

3　寝坊してしまった。どんなに（ 急ぐ ）と、もう電車の時間には間に合わないだろう。

4　あの曲を（ 聴く ）からというもの、メロディーが耳から離れない。

1（　　　　　　　　　）　2（　　　　　　　　　）

3（　　　　　　　　　）　4（　　　　　　　　　）

Day 19 / 30 days

練習問題 18

配点			合計点
漢字	語彙	文法	
点 /20	点 /11	点 /9	点 /40

I 漢字 ＿＿点 /20

下線部について、ひらがなは漢字に、漢字はひらがなに直しなさい。送りがなのある語を漢字に直す際は送りがなも書きなさい。

1　ミーティング中の私語は①慎んでください。

①(　　　　　　)

2　先生が退室した途端、生徒の緊張が②ゆるんだ。

②(　　　　　　)

3　論文を書く際には用語を③とういつするよう気をつける必要がある。

③(　　　　　　)

4　バブル④崩壊は、日本中の人々に⑤えいきょうを与えた。

④(　　　　　　)　⑤(　　　　　　)

5　人から⑥絶賛される作品と、人の⑦きおくに長くとどまる作品は別だ。

⑥(　　　　　　)　⑦(　　　　　　)

6　突然の吹雪（ふぶき）に⑧襲われ、深い雪によって行く手が⑨阻まれた。

⑧(　　　　　　)　⑨(　　　　　　)

7　災害に備えて⑩蓄えていた食料が、いつのまにか⑪くさってしまっていた。

⑩(　　　　　　)　⑪(　　　　　　)

8　書類をきちんと読み、⑫納得してから、例の会社と⑬けいやくを結んだ。

⑫(　　　　　　)　⑬(　　　　　　)

9　この建物は⑭きょかを受けた人以外は入れませんが、非常⑮じたいのときにはその限りではありません。

⑭(　　　　　　　　　　)　⑮(　　　　　　　　　　)

10　年功序列制度を⑯いじする企業も⑰存続し続けるだろうが、その数はだんだん減っていくだろう。

⑯(　　　　　　　　　　)　⑰(　　　　　　　　　　)

11　罪を⑱おかしてしまったなら、⑲裁きを受け、きちんと⑳償わなければならない。

⑱(　　　　　　　　　　)　⑲(　　　　　　　　　　)

⑳(　　　　　　　　　　)

Ⅱ 語彙　　＿＿点 /7

次の文の(　)に入る最も適当な語を選びなさい。

1　人ごみの中を歩いているうちに、友達と(　はぐれて ・ はなして ・ わけて ・ とんで　)しまった。

2　質問に対して少しずれた答えが返ってきたが、(　後戻り ・ 上塗り ・ 長続き ・ 深追い　)はせず、話を切り上げた。

3　私の弟はアイドルに熱を(　うばって ・ くわえて ・ あげて ・ しぼって　)いた。

4　あの人と結婚するのは、(　考え返した ・ 考えきった ・ 考え直した ・ 考え戻した　)ほうがいいですよ。

5　原材料価格の高騰(こうとう)により、食品が(　人並み ・ 軒並み ・ 世間並み ・ 平均並み　)値上がりした。

6　あの人はなんでも完璧にやり遂げないと気が（　まわらない ・ きかない ・ すまない ・ つかない　）。

7　あまりの忙しさに（　手 ・ 足 ・ 目 ・ 首　）が回る。

Ⅲ 語 彙　　＿＿点 /4

次の文の（　）に入る最も適当な語を選びなさい。

1　看板のデザインに（　臨機応変 ・ 十人十色 ・ 創意工夫 ・ 温故知新　）を凝らす。

2　売れ残りの商品が、（　二本 ・ 二束 ・ 三冊 ・ 三巻　）三文で売られていた。

3　昨今の AI 技術は日進月（　走 ・ 歩 ・ 昇 ・ 異　）だ。

4　資金の調達に（　　）苦（　　）苦する。

ア　二・三　　イ　四・八　　ウ　七・八　　エ　十・百

Ⅳ 文 法　　＿＿点 /6

次の文の（　）に入る最も適当な語を選びなさい。

1　注意書きを読んだ（　すえで ・ うえで ・ ときに ・ うちに　）、参加するかどうか決めてください。

2　彼女からひどい仕打ちを受けた。二度と会う（　もの ・ こと ・ ところ ・ わけ　）か。

3　直立二足歩行が見られるのは、人（　において ・ に応じて ・ に決まって ・ につけて　）のみである。

4　姉が私に買って（　くれた ・ くださった ・ もらった ・ いただいた　）かばんは軽くて使いやすい。

5　彼の字に似ているからといって、彼が書いた（　かもしれない ・ ほかない ・ とは限らない ・ にちがいない　）。

6　得意であろう（　　）なかろう（　　）、引き受けた仕事はやるしかない。

※二つの（　）には同じ語が入ります。

ア　と　　イ　に　　ウ　を　　エ　も

V 文法　　＿＿点 /3

次の文の（　）に入る最も適当な語を選びなさい。

1　昨日、徹夜でレポートを書き上げたので、今日は（　眠いものではない ・ 眠くないではいられない ・ 眠いわけがない ・ 眠くてしょうがない　）。

2　毎日同じものばかり食べていると、栄養不足になり（　っこない ・ かねない ・ しょうがない ・ ほかない　）。

3　子どもの頃から医者になるつもり（　ではないかというと ・ だったかというと ・ ではないかといわれなくても ・ だといっても　）、そうではない。

Day 20／30 days

力試しテスト 第2回

配点			合計点
漢字	語彙	文法	
点/20	点/14	点/16	点/50

漢字 ▶ ＿＿点/12（1点×12）

1　下線部について、ひらがなは漢字に、漢字はひらがなに直しなさい。送りがなのある語を漢字に直す際は送りがなも書きなさい。

(1)　取材に行く動き、支援する動きが①どんかする。（学習院）

(2)　ラテンアメリカ文学との出会いは②ひつぜんだったのかもしれない。（上智）

(3)　③ほんねとタテマエを巧みに使い分けた日本の戦時期の庶民。（一橋・改）

(4)　事典では挨拶（あいさつ）を「人と会ったとき取りかわす言葉」と④ていぎしている。

(5)　答えは、日本的な⑤風土から考えた結果導き出された。（東京外国語・改）

(6)　リズムが壊れないように⑥細心の注意を払う。（上智）

(7)　「毎日、鏡に向かって、⑦くり返し⑧溜息をつく」という実験。（早稲田）

(8)　この本は医療に現れている社会問題を⑨網羅的に扱っている。

(9)
- 鏡の前に立って全身を⑩うつす。
- ノートに字を丁寧に書き⑪うつす。
- 5年かけて立てた計画を実行に⑫うつす。

①	②	③
④	⑤	⑥
⑦	⑧	⑨
⑩	⑪	⑫

漢字 ▶ ＿＿点 / 8（1点×8）

2　下線部について、ひらがなは漢字に、漢字はひらがなに直しなさい。なお、送りがなのある語を漢字に直す際は送りがなも書きなさい。

科学は難しいと言う声をよく聞く。とくに女性にそう思っている方が多いように思うが、それは①違う。科学は、すべての②事象に原因を求め、誰もが③なっとくできる筋道で④因果関係を説明するものであり、⑤恐らくこれは、人間にとって最もわかりやすい考え方なのではないだろうか。何も原因がないのに事が起きたらこわいし、なっとくできる説明がなければ⑥不気味だ。ホラー小説やホラー映画を⑦このむ方は少なくないので、すべての人が因果関係をよしとすると決めつけるのは行き過ぎかもしれないが、因果関係の理解が人間の⑧認識の基本であることは間違いない。

中村桂子「科学と感性」より（早稲田・改）

①	②	③
④	⑤	⑥
⑦	⑧	

語彙 ▶ ＿＿点 / 12（2点×6）

3　下線部の語の意味に最も近いものを選びなさい。

(1)　何事においても肝心なのは、無理をしすぎないことです。

ア　肝臓　　イ　貴重　　ウ　重要　　エ　可能

(2)　活発な妹も初めて会う人の前では借りてきた猫のようだ。

ア　とてもこまやかだ　　イ　とてもずうずうしい

ウ　とてもおとなしい　　エ　とてもおだやかだ

(3)　親切にいろいろな人が手伝ってくれるのは嬉しいが、同時に勝手なことをされると問題がややこしくなることがある。（明海・改）

ア　単純になる　　イ　複雑になる　　ウ　解決する　　エ　縮小する

(1)
(2)
(3)

(4)　今さら見苦しいことはしたくありません。（明海）

ア　面倒な　イ　せわしい　ウ　みっともない　エ　いい加減な

(5)　彼らは私と別れた後、ぶらぶらして帰ったそうだ。（明海）

ア　食事して　イ　酒を飲んで

ウ　歩き回って　エ　車に乗って

(6)　学生たちに問いかけると、想定外の回答に出くわすことがある。（立教・改）

ア　相手やものとすれ違う　イ　思いがけない人・ものに会う

ウ　探していた人・ものに会う　エ　約束した場所で約束した人に会う

(4)
(5)
(6)

文法 ▶ ＿＿＿点 / 6（1点×6）

4　(　　)の中の語を適切な形に変え、文を完成しなさい。

(1)　不規則な生活を続けていると、体を(　こわす　)かねない。

(2)　両親が(　反対する　)がするまいが、私は結婚するつもりだ。（亜細亜）

(3)　戦後になって、当時の指導者によって「共通語」という用語が教育の現場に(　もちこむ　)ました。

(4)　罪を犯した場合、法に(　照らす　)裁かれる。

(5)　ペンキを(　ぬる　)ばかりですから、気をつけてください。（横浜商科・改）

(6)　姪っ子は、最近大人と同じものが(　食べる　)ようになってきた。

(1)	(2)	(3)
(4)	(5)	(6)

文法 ▶ ＿＿＿点 / 4（1点×4）

5　次の文の(　)に入る最も適当な語を選びなさい。

(1)　受験する(　　)合格したい。（横浜商科）

ア　まで　イ　だけに　ウ　からには　エ　ところをみると

(1)

⑵　体に悪いと(　　)、たばこがやめられない人は多い。

ア　知って　　　　　イ　知りながら

ウ　知るものを　　　エ　知ったので

⑶　取引先の部長が入院(　　)そうなので、お見舞いに参ります。(明海)

ア　になった　　イ　にあられた　　ウ　いたした　　エ　された

⑷　日本では個人個人の能力を底あげする(　　)、グループ全体のレベルをアップさせようとしている。(立教)

ア　というよりも　　　イ　ことどころか

ウ　からといって　　　エ　とはいっても

⑵
⑶
⑷

語彙 ▶ ＿＿点/2(2点×1)　文法 ▶ ＿＿点/6(2点×3)

6　次の文章の(　　)に入る最も適当な語を、後から選びなさい。

苦い経験がある。もう随分前になるのだが、人に頼まれて知人の電話番号を教えた。すぐには連絡が取れなかったため、本人の承諾なしに気軽に教えてしまったのが、(　1　)だった。それがもとで知人に迷惑をかける次第となった。もし知人の了解が取れた(　2　)結果は同じだったかもしれないが、(　3　)無断で他人の電話番号を洩(も)らした責任は消えるものではない。軽率なことをした、との後悔と反省は今でも胸の底に重く残っている。個人レベルの問題(　4　)あるけれど、他人の情報の保護を怠った過ちであった、という他にない。

黒井千次『老いのつぶやき』より(中央・改)

⑴　ア　短所　　イ　失敗　　ウ　危険　　エ　例外

⑵　ア　ときには　　イ　がために　　ウ　としても　　エ　ことから

⑶　ア　それまで　　イ　そこから　　ウ　それとも　　エ　それでも

⑷　ア　には　　イ　では　　ウ　とは　　エ　すら

[語彙] ⑴	[文法] ⑵	[文法] ⑶	[文法] ⑷

Day 21 / 30 days

もうひとふんばり！

練習問題 19

配点			合計点
漢字	語彙	文法	
点 /23	点 /11	点 /6	点 /40

I 漢字　＿＿点 /23

下線部について、ひらがなは漢字に、漢字はひらがなに直しなさい。送りがなのある語を漢字に直す際は送りがなも書きなさい。

1　各フロアには①きゅうけい場所が②設けられています。

①(　　　　)　②(　　　　)

2　男女間の賃金格差の③是正に、④そしき全体で取りくむ。

③(　　　　)　④(　　　　)

3　共用スペースの⑤掃除は、A部署とB部署で⑥交互に行うことにした。

⑤(　　　　)　⑥(　　　　)

4　この服は男女⑦兼用のデザインになっている。

⑦(　　　　)

5　その野球チームは、持つ力を存分に⑧はっきしており、優勝も⑨もくぜんだ。

⑧(　　　　)　⑨(　　　　)

6　その政治家は、今年の予算案に対して⑩いぎを⑪唱えた。

⑩(　　　　)　⑪(　　　　)

7　最新の論文を読み、生命の⑫きげんに関する研究の⑬動向を⑭はあくする。

⑫(　　　　)　⑬(　　　　)

⑭(　　　　)

8　年を取るにつれ、少しずつ体力が⑮衰えてきた。

⑮(　　　　　　　　　　)

9　1956年以降、日本の平均⑯寿命は男女とも⑰いちじるしく延びた。

⑯(　　　　　　　　　　)　⑰(　　　　　　　　　　)

10「今年は主力投手の⑱ぼうぎょ率が下がる」という記者の予想は⑲外れた。

⑱(　　　　　　　　　　)　⑲(　　　　　　　　　　)

11　⑳素人の出した意見だったが、あながち㉑見当外れでもなかったらしい。

⑳(　　　　　　　　　　)　㉑(　　　　　　　　　　)

12　メスのサルは、闘争に勝ったオスを㉒文句なく受け入れるものだという、㉓暗黙の先入観がこれまであった。

㉒(　　　　　　　　　　)　㉓(　　　　　　　　　　)

Ⅱ 語彙　＿＿点/7

次の文の(　)に入る最も適当な語を選びなさい。

1　失敗して落ち込んでいるのに、(　追い打ち　・　追い込み　・　追い立て　・　追い出し　)をかけるようなことを言わないでください。

2　経済学における理論を、人間の行動に(　慣用　・　作用　・　通用　・　適用　)する。

3　試着せずにズボンを買ったら、大きすぎて腰まわりが(　ふかふか　・　ぶかぶか　・　ほかほか　・　ぼかぼか　)だった。

4　このお店では、食料品を(　して　・　はじめ　・　つづけ　・　ふやす　)として、衣料品や日用品も取り扱っている。

5　地元の食材を（　ふんだんに　・　しきりに　・　再三　・　潤沢（じゅんたく）に　）使用した料理を食べる。

6　教授に相談したいことがあったため、メールで（　プロミス　・　スポット　・　リザーブ　・　アポ　）をとった。

7　この地域は鉄道やバスなどの交通（　術　・　網　・　線　・　機　）が発達している。

Ⅲ 語彙　＿＿点 /4

下線部の語の意味に最も近いものを選びなさい。

1　このサークルのメンバーは<u>気さくな</u>人ばかりです。
　ア　親しみやすい　　イ　礼儀正しい
　ウ　真面目な　　エ　几帳面な

2　私の試みは<u>ことごとく</u>失敗した。
　ア　はっきりと　　イ　さっぱりと　　ウ　即座に　　エ　すべて

3　仕事で<u>厄介な</u>ことが起こったので、上司に相談した。
　ア　仕方がない　　イ　いやな　　ウ　面倒な　　エ　つまらない

4　詳細については、資料を<u>参照</u>してください。
　ア　参観　　イ　参上　　ウ　参考　　エ　参政

Ⅳ 文法 ＿＿点 /6

次の文の（　）に入る最も適当な語を選びなさい。

1　感染する病気でない（　からには　・　のに　・　にせよ　・　ために　）、体調が悪いなら休んだ方がいい。

2　子どもは服が汚れるの（　はともかく　・　もかまわず　・　も問わず　・　を抜きにして　）、水たまりで遊んでいる。

3　人口の増加（　に通じて　・　にそって　・　にともなって　・　をめぐって　）、駅前の治安が悪化した。

4　体力のない私が、マラソンを走り切れる（　もの　・　わけ　・　こと　・　つもり　）がない。

5　「情けは人の為ならず」と（　言ったって　・　言ったら　・　言わずに　・　言わずもがな　）、親切が必ず自分に返ってくるとは限らない。

6　弊社の社員も御社の主催する会に（　お目にかかる　・　いらっしゃる　・　うかがう　・　拝見する　）予定です。

「七夕」は「たなばた」と読みますが、「七」を「たな」と読んだり、
「夕」を「ばた」と読んだりはしません。
「七夕」という二文字を「たなばた」と読むのです。
同様に特殊な読み方をする言葉に「今朝（けさ）」「土産（みやげ）」「行方（ゆくえ）」などがありますが、
こうした言葉は「熟字訓」と呼ばれます。
入試でもときどき出題されるので、もっと知りたい人は「熟字訓」や
「常用漢字表　付表」で検索してみてください。

Day 22 / 30 days

もうひとふんばり！

練習問題 20

配点			合計点
漢字	語彙	文法	
点 /20	点 /11	点 /9	点 /40

Ⅰ 漢字 ＿＿点 /20

下線部について、ひらがなは漢字に、漢字はひらがなに直しなさい。送りがなのある語を漢字に直す際は送りがなも書きなさい。

1　咲き始めた花が初春の風景に①彩りを②そえていた。

①(　　　　　)　②(　　　　　)

2　法が③おさめる社会で生活を④営む。

③(　　　　　)　④(　　　　　)

3　動物は、お金がほしいといった、自然界からはみだした⑤かじょうな欲望をもたない。

⑤(　　　　　)

4　取引先との⑥こうしょうは困難を⑦極め、社員の⑧あせりは⑨募っていった。

⑥(　　　　　)　⑦(　　　　　)

⑧(　　　　　)　⑨(　　　　　)

5　知人を相手に、富士山に初めて登ったときのエピソードを⑩披露する。

⑩(　　　　　)

6　会社への⑪こうけんは個人に⑫かんげんされるはずだという信頼の上に長時間労働は成り立っていた。

⑪(　　　　　)　⑫(　　　　　)

7　今のご⑬時世、数センチ四方のスペースすらも金に⑭かんさんされる。

⑬(　　　　　　　　)　⑭(　　　　　　　　)

8　欲望や感情に⑮抗いがたいかたちで隷属（れいぞく）しているなら、自由であるとは言えない。

⑮(　　　　　　　　)

9　サルの仲間であるマーモセットは、自分自身の⑯繁殖の機会を抑えてまで、弟や妹の⑰子守の役に⑱徹することがある。

⑯(　　　　　　　　)　⑰(　　　　　　　　)

⑱(　　　　　　　　)

10　個人の心理が社会状況を生み出し、かつ社会状況が個人の心理に影響を⑲およぼす、という⑳じゅんかん関係。

⑲(　　　　　　　　)　⑳(　　　　　　　　)

Ⅱ 語彙

＿＿点 /7

次の文の(　)に入る最も適当な語を選びなさい。

1　人手不足の(　状況　・　過去　・　手段　・　背景　)には、急速に進む少子高齢化がある。

2　騒ぎになるのを避けるため、今回の件は(　公（おおやけ）・公表・公開・通達　)にしません。

3　体調不良のため、打ち上げへの参加は(　おさえる・しのぐ・ひかえる・もよおす　)ことにした。

4　そのような型にはまった書き方では、あなたの気持ちが(　まったく　・　全然　・　一向　・　よく　)に伝わってきません。

5　この部屋にはエアコンは（　まだか　・　わずか　・　どうか　・　おろか　）、扇風機もないので、とても暑い。

6　二国間の対立が、（　いっそう　・　かつて　・　むしろ　・　やがて　）ないほど深いものになっている。

7　彼は、医者としての（　キャリア　・　ベテラン　・　プロ　・　タレント　）を捨て、まったく別の仕事に就いた。

Ⅲ 語彙　＿＿点 /4

次の文の（　）に入る最も適当な語を選びなさい。

1　つい（　舌・目・口・足　）がすべって、余計なことを言ってしまった。

2　父の病状は（　麓（ふもと）・　頂上　・　中腹　・　峠（とうげ）　）を越したので、ひとまずは安心だ。

3　あなたは言っていることがめちゃくちゃですよ。外に出て、しばらく頭を（　とめ　・　下げ　・　入れ　・　冷やし　）てきなさい。

4　厳粛な式典に出席するので、服装に（　気がある　・　気を配る　・　気が利く　・　気が向く　）。

Ⅳ 文法　＿＿点 /5

次の文の（　）に入る最も適当な語を選びなさい。

1　農家さんが、おみやげ（　が　・　で　・　に　・　と　）どうぞと言って、リンゴを渡してくれた。

2　堂々巡りの議論を見るに（　見かねて　・　見ないで　・　見えないで　・　見ようと　）、二人の間に割って入った。

3　せっかく採用した社員が、激務の（　くらい ・ せい ・ ため ・ はず　）に辞めていくのはもったいない。

4　薬を飲んでいるのに、なぜか症状は悪化していく（　最中だ ・ までだ ・ ところだ ・ ばかりだ　）。

5　最初は小さかった彼の店も、今では海外進出する（　ものに ・ ところに ・ までに ・ すえに　）なった。

V 文法　＿＿点 /4

次の文の（　）に入る最も適当な語を選びなさい。

1　インターホンを（　鳴らされるほど ・ 鳴らされてまで ・ 鳴らされても ・ 鳴らされるより　）、すぐにドアを開けるのはよくない。

2　運動しなければいけないと（　思っては ・ 思いつつ ・ 思うにつけ ・ 思うには　）、なかなか時間がとれない。

3　気になるのであれば、相手に直接（　聞いては ・ 聞いて ・ 聞いてみると ・ 聞こうと　）どうですか。

4　仕事を（　しようにも ・ したことで ・ してしまって ・ しはじめて　）、パソコンが動かなければどうしようもない。

Day 23 / 30 days

もうひとふんばり！

練習問題 21

配点			合計点
漢字	語彙	文法	
点 /23	点 /10	点 /7	点 /40

Ⅰ 漢字 ＿＿点 /23

下線部について、ひらがなは漢字に、漢字はひらがなに直しなさい。送りがなのある語を漢字に直す際は送りがなも書きなさい。

1　この野菜は①えいようが豊富なので、②せっきょく的に料理に取り入れるとよい。

①(　　　　)　②(　　　　)

2　事件に③かんよしていたのではないかという疑いをかけられる。

③(　　　　)

3　幼少期に外国で育った彼は、二か国語を④じざいに操る。

④(　　　　)

4　お祭りの日になるとこの商店街には大勢の人が⑤集うので、初めて見た人は⑥おどろく。

⑤(　　　　)　⑥(　　　　)

5　普段は⑦抑制されている怒りが、表に出てしまう⑧しゅんかんもある。

⑦(　　　　)　⑧(　　　　)

6　道を⑨たずねられたので、⑩懐から地図を取り出した。

⑨(　　　　)　⑩(　　　　)

7　小麦の⑪とくちょうについては、農作業に⑫たずさわる人々のほうがよく知っていただろう。

⑪(　　　　)　⑫(　　　　)

8　あの二国は、ここ数年は⑬びみょうな関係にある。

⑬(　　　　　　　　　　)

9　⑭無駄という⑮がいねんが、問題解決の助けとなることがある。

⑭(　　　　　　　　　　)　⑮(　　　　　　　　　　)

10　なんでもかんでも前例を⑯倣っていればよいというわけではない。

⑯(　　　　　　　　　　)

11　時間ギリギリで教室に滑り込み、⑰辛うじて遅刻は⑱まぬがれた。

⑰(　　　　　　　　　　)　⑱(　　　　　　　　　　)

12　企業に対する⑲ちゅうせいしんを⑳喪失している人が、徐々に増えてきている。

⑲(　　　　　　　　　　)　⑳(　　　　　　　　　　)

13　彼女はまだ着任して1年目の㉑新米教師だが、生徒たちからよく㉒慕われているらしい。

㉑(　　　　　　　　　　)　㉒(　　　　　　　　　　)

14　命じられていた業務を遅滞なく㉓すいこうする。

㉓(　　　　　　　　　　)

Ⅱ 語彙　＿＿点 /6

次の文の(　)に入る最も適当な語を選びなさい。

1　この作品を完成させるのに、5年の歳月を(　ならした　・　みたした　・　ついやした　・　はたした　)。

2　「このリンゴどうしたの？」「実家からたくさん送られてきたので、(　分配　・　おすそ分け　・　共有　・　おこぼれ　)です。お好きなだけどうぞ。」

3　徹夜明けだったため、電車の中で（　うとうと　・　きょろきょろ　・　こそこそ　・　そわそわ　）してしまった。

4　遅刻はするし、財布はなくすし、今日は（　何でもかんでも　・　何もかも　・　何が何でも　・　何だったら　）うまくいかない。

5　彼の返事はいつも要領を（　ない　・　えない　・　もたない　・　かねない　）。

6　この日までにお金を用意できなければ、もう打つ（　足　・　耳　・　肩　・　手　）はない。

Ⅲ 語彙　　＿＿点 /4

次の文の（　）に入る最も適当な語を選びなさい。

1　（　しかられて　・　ほめられて　・　おだてられて　・　そそのかされて　）、しぶしぶゲームの電源を切った。

2　そのチームは準決勝まで快勝を続けてきたが、決勝で（　なにげなく　・　そっけなく　・　さりげなく　・　あっけなく　）敗れた。

3　近年、この地域は過疎化の進行が（　ふてぶてしい　・　はなはだしい　・　そうぞうしい　・　ぎょうぎょうしい　）。

4　先生は、生徒たちの乱暴な口調を（　うちのめした　・　けしかけた　・　さしもどした　・　たしなめた　）。

Ⅳ 文法　　＿＿点 /7

次の文の（　）に入る最も適当な語を選びなさい。

1　たくさん昼寝をした（　わりに　・　ように　・　ところに　・　ばかりに　）、夜遅くなってもなかなか寝付けない。

2　喜ばしい（　ばかりに　・　ものに　・　ままに　・　ことに　）、彼女は志望校に合格したらしい。

3　体調が悪いのなら、早く言ってくれればよかった（　せいだ　・　ほどだ　・　ものを　・　くせに　）。

4　月１回とは言わない（　で　・　はずが　・　までも　・　すらも　）、年に１度は海外旅行をしたい。

5　幼いころ、親はよくこの公園で私を（　あそばせて　・　あそばさせて　・　あそばされて　・　あそばさせられて　）くれた。

6　絶対に大丈夫だとはっきり（　言えまい　・　言い切れる　・　言いよどむ　・　言わずもがな　）ほどの自信はない。

7　生き残るためには、社会の変化に合わせて、企業も（　変化せざるを得ない・　変化しがたい　・　変化もままならない　・　変化しなくてすむ　）。

Day 24 / 30 days

練習問題 22

もうひとふんばり！

配点			合計点
漢字	語彙	文法	
点 /20	点 /11	点 /9	点 /40

I 漢字 ＿＿点 /20

下線部について、ひらがなは漢字に、漢字はひらがなに直しなさい。送りがなのある語を漢字に直す際は送りがなも書きなさい。

1　①だれも怪我をしていないと知り、②安堵する。

①(　　　　　)　②(　　　　　)

2　お金を③かせぐためだけに働く、という考え方は、少し④さびしいと感じないだろうか。

③(　　　　　)　④(　　　　　)

3　江戸時代に造られたというこの庭園は、とても⑤趣がある。

⑤(　　　　　)

4　この実を収穫するのは、もう少し⑥熟れるのを待ってからがいい。

⑥(　　　　　)

5　心配事でもあるのか、彼女はどこか⑦憂いを⑧帯びた表情をしていた。

⑦(　　　　　)　⑧(　　　　　)

6　話せば話すほど、意見の⑨むじゅん点が⑩ろていしてしまった。

⑨(　　　　　)　⑩(　　　　　)

7　基本的人権を⑪擁護する。

⑪(　　　　　)

8　結婚を⑫きに退職し、家事を⑬担うようになる女性が昔は多かった。

⑫(　　　　　　　　　　)　⑬(　　　　　　　　　　)

9　彼女への疑念が胸の中でどんどん⑭膨れ上がった。

⑭(　　　　　　　　　　)

10　自給自足をしながら、独自の食文化を⑮はぐくんできた。

⑮(　　　　　　　　　　)

11　DRAMという⑯汎用メモリーの場合、1年経っただけで価格が急落することがある。

⑯(　　　　　　　　　　)

12　国内で⑰ふへん的に見られる植物が、文学作品の中でどのように扱われてきたのか⑱きょうみをもつ。

⑰(　　　　　　　　　　)　⑱(　　　　　　　　　　)

13　⑲ねんこうじょれつ制度を廃止すべきだという⑳しゅちょうが社内で聞かれるようになった。

⑲(　　　　　　　　　　)　⑳(　　　　　　　　　　)

Ⅱ 語 彙　　＿＿点 /7

次の文の(　)に入る最も適当な語を選びなさい。

1　自分のミスについて、必死に(　弁護　・　弁償　・　弁解　・　弁舌　)する。

2　この選手は技術はあるのだが、どうも闘争心が(　希少　・　希薄　・　消失　・　消滅　)だ。

3　自然の(　なりゆき　・　ならわ　・　なりふり　・　なれのはて　)で、彼女と一緒に駅まで歩くことになった。

4　妹の帰宅時間は18時だったり21時だったりと（　あちこち　・　まちまち　・　そこそこ　・　かつかつ　）だ。

5　この町は、総面積の約半分が森林によって（　占めている　・　定めている　・　占められている　・　定められている　）。

6　だれも知らないはずの事実を言い当てられ、衝撃が（　歩いた　・　走った　・　踊った　・　引かれた　）。

7　計画が思った通りに進まず、（　手をこまねく　・　指をくわえる　・　口が減らない　・　頭を抱える　）。

Ⅲ 語彙　　＿＿点 /4

次の文の（　）に入る最も適当な語を選びなさい。

1　最近はずっと忙しく、（　さる　・　ねこ　・　いぬ　・　うし　）の手も借りたいくらいだ。

2　彼の説明は具体性がなく、（　枝　・　布　・　わら　・　雲　）をつかむような話だった。

3　「光陰（　瞬　・　光　・　魔　・　矢　）のごとし」は、月日の経つのが早いことを表している。

4　「田中さんはいつも山口さんと一緒にいますね。」「そうですね。山口さんとは（　犬猿の仲な　・　気分がいい　・　気が揃う　・　馬が合う　）んです。」

Ⅳ 文法　　____点 /6

次の文の（　）に入る最も適当な語を選びなさい。

1　買った品物にリボンをかけること（　で　・　が　・　から　・　を　）、それはプレゼントに変わる。

2　あれこれ悩んだ（　ゆえに　・　すえに　・　ために　・　ときに　）、留学先をA国に決めた。

3　合格通知を見て彼女が喜んだのは言う（　べき　・　まで　・　はず　・　わけ　）もない。

4　生き物である（　いじょう　・　うえから　・　だけで　・　ように　）、いつかは必ず死ぬ運命にある。

5　彼女は子どもが好きなのかと（　思っても　・　思うから　・　思いきや　・　思われると　）、そうでもないらしい。

6　彼は5年間アメリカに住んでいたらしい。（　それで　・　それにしては　・　それだから　・　それとも　）英語があまりうまくない。

Ⅴ 文法　　____点 /3

次の文の（　）に入る最も適当な語を選びなさい。

1　箱のふたを開けた。（　もっとも　・　したがって　・　つまり　・　すると　）何かが飛び出してきた。

2　去年の冬はとても寒かったの（　に対して　・　にあって　・　にかけて　・　一方　）、今年の冬は暖かい。

3　いつも10分前には来ている佐藤さんがまだ来ていない。（　といえども　・　ともすれば　・　ということは　・　とはいえ　）、今日は欠席だろう。

練習問題 23

もうひと ふんばり！

配点			合計点
漢字	語彙	文法	
点 /22	点 /12	点 /6	点 /40

Ⅰ 漢字　　＿＿点 /22

下線部について、ひらがなは漢字に、漢字はひらがなに直しなさい。送りがなのある語を漢字に直す際は送りがなも書きなさい。

1　彼はとても①おだやかな性格で、怒ったところを見たことがない。

①（　　　　　）

2　顧客からの無理な②要求を③こばむ。

②（　　　　　）　③（　　　　　）

3　契約書を作成する際は、④曖昧な表現を使うのは避けるべきだ。

④（　　　　　）

4　ビルの前で⑤声高に話している集団がいた。

⑤（　　　　　）

5　今、⑥鞄の中に⑦かくしたものを出してください。

⑥（　　　　　）　⑦（　　　　　）

6　その医者は、事故現場で負傷者に⑧ちりょうを⑨ほどこしていた。

⑧（　　　　　）　⑨（　　　　　）

7　この学生⑩りょうでは、電球など自室で使用する⑪しょうもう品は各自で準備することになっています。

⑩（　　　　　）　⑪（　　　　　）

8　力強いプレーでチームを⑫牽引してきたサッカー選手が、引退を表明した。

⑫(　　　　　　　　)

9　何でもできる⑬秀才と名高い彼だが、特に⑭秀でているのは語学だそうだ。

⑬(　　　　　　　　)　⑭(　　　　　　　　)

10　経済界の⑮大物の一人は、⑯あんいな決定は避けるべきだという慎重な態度を示した。

⑮(　　　　　　　　)　⑯(　　　　　　　　)

11　囚人のジレンマのような状況に⑰陥る。

⑰(　　　　　　　　)

12　現在の⑱為替相場は円安が続いている。

⑱(　　　　　　　　)

13　何の媒介もない人間関係は、人に⑲きんちょうを⑳強いる。

⑲(　　　　　　　　)　⑳(　　　　　　　　)

14　会社の体制が変化する㉑かときには、さまざまな問題が㉒ともなう。

㉑(　　　　　　　　)　㉒(　　　　　　　　)

Ⅱ 語彙　＿＿点 /8

次の文の(　)に入る最も適当な語を選びなさい。

1　誰が悪いのかという(　不可 ・ 不明 ・ 不利 ・ 不毛　)な議論はやめて、今後どうすべきかを話し合いましょう。

2　これらの葉っぱは形が似ていて(　いちじるしい ・ まぎらわしい ・ みぐるしい ・ はなはだしい　)が、別種である。

3　彼女は本に夢中で、相手の話を（　あとで　・　ろくに　・　はたして　・　めったに）聞いていない。

4　田中さんが何を言っているのか理解できず、（　ぽかん　・　ぼかん　・　うっとり　・　さっぱり　）とした。

5　今回の投票では、賛成が過半数を（　埋める・過ぎる・飛ぶ・占める　）結果となった。

6　未知なるものへの好奇心が、私を行動に（　打ち立てた　・　駆り立てた　・　攻め立てた　・　呼びたてた　）。

7　決勝戦を見ながら、（　脇　・　足　・　腕　・　手　）に汗を握る。

8　どちらも同じ主張を繰り返すばかりで、その言い争いは（　暗礁（あんしょう）・泥沼（どろぬま）・霧中　・　混沌（こんとん）　）にはまりこんだ。

Ⅲ 語彙　＿＿点 /4

次の文の（　）に入る最も適当な語を選びなさい。

1　建物の設計から完成までの一連の（　フィルター　・　カテゴリー　・　アクセス　・　プロセス　）を理解する。

2　新入生に大学生活について説明する（　オリエンテーション　・　オートメーション　・　カンバセーション　・　ローテーション　）が、本日行われる。

3　私たちの間で、この事件の話をすることは（　タブー　・　イメージ　・　リスク　・　ストップ　）視されている。

4　この絵画は光と影の（　コンスタント　・　コンテスト　・　コントラスト　・　コンテント　）が鮮やかだ。

Ⅳ 文法　＿＿点 /6

次の文の（　）に入る最も適当な語を選びなさい。

1　絶対に落ちたと思って（　やまない限り　・　やるせないのに　・　いるだけあれば　・　いただけに　）、合格したと知ったときの喜びはひとしおだった。

2　この調味料はスープに炒め物に（　は　・　か　・　を　・　と　）、いろんな料理に使えます。

3　日本語の勉強（　に応じて　・　をもとに　・　をかねて　・　に関して　）日本の映画を字幕で観ている。

4　試験が近いのに、うちの子（　ときたら　・　ときては　・　といったら　・　といっては　）、遊んでばかりいる。

5　彼はいつも面白い話で私たちを（　笑わせてやる　・　笑わせてあげる　・　笑わせてくれる　・　笑わせてもらう　）。

6　今週の水曜日、（　つまり　・　とはいえ　・　という　・　いうまでもない　）明後日までにこの書類を提出してください。

Day 26 / 30 days

練習問題 24

配点			合計点
漢字	語彙	文法	
点 /22	点 /10	点 /8	点 /40

Ⅰ 漢字　＿＿点 /22

下線部について、ひらがなは漢字に、漢字はひらがなに直しなさい。送りがなのある語を漢字に直す際は送りがなも書きなさい。

1　①最寄りの駅から歩いて５分のマンションに②ひっこした。

①(　　　　　　)　②(　　　　　　)

2　クラスメイトからの③すいせんを受け、級長に選ばれた。

③(　　　　　　)

3　危険な行為をした子どもを④叱咤する。

④(　　　　　　)

4　大事な試合を⑤ひかえ、英気を⑥養うために十分な休息をとった。

⑤(　　　　　　)　⑥(　　　　　　)

5　彼は近ごろ⑦ひまを持て余しているそうで、仕事の手伝いを⑧快く引き受けてくれた。

⑦(　　　　　　)　⑧(　　　　　　)

6　害虫が発生しやすい時期は、⑨頻繁に⑩樹木を見て回るとよい。

⑨(　　　　　　)　⑩(　　　　　　)

7　歩くときの姿勢を⑪いしきして変えてみたら、普段と違う筋肉を使っていることが⑫じっかんできた。

⑪(　　　　　　)　⑫(　　　　　　)

8　ある会社で⑬じっしされた、経費削減ための⑭画期的な取り組みを紹介する。

⑬（　　　　　　　　）　⑭（　　　　　　　　）

9　都合のよすぎる話をしてくる相手に、彼は疑いの⑮眼差しを向けた。

⑮（　　　　　　　　）

10「⑯臨床」というのは、もともと死の床に⑰臨むことであった。

⑯（　　　　　　　　）　⑰（　　　　　　　　）

11「四」は、日本では不吉な数字として⑱忌避される場合がある。

⑱（　　　　　　　　）

12　苦情処理係は、⑲こきゃくからのクレームに⑳じんそくに対応することが求められる。

⑲（　　　　　　　　）　⑳（　　　　　　　　）

13　前年より改善したとはいえ、貧困状態にある子どもの数は㉑いぜんとして多い。今後の対応が㉒きわめて重要である。

㉑（　　　　　　　　）　㉒（　　　　　　　　）

Ⅱ 語彙　＿＿＿点 /6

次の文の（　）に入る最も適当な語を選びなさい。

1　交差点で彼を見かけたように思ったが、目の（　幻覚　・　視覚　・　錯覚　・　不覚　）だった。

2　学生たる者、学業を（　おろか　・　むやみ　・　おろそか　・　おもうまま　）にしてはいけません。

3　この道は狭くて、人とすれ違うのが（　だけ　・　やっと　・　じゅうぶん　・　しか　）です。

4　10年後に再会しようという（　かたい　・　きつい　・　ほそい　・　こい　）約束を友人とかわした。

5　これから、怪我をしないために必ず守ってほしいことを話します。（　体　・　頭　・　心　・　胸　）して聞いてください。

6　店の売り上げは、立地によって大きく（　上下する　・　右往左往する　・　前後される　・　左右される　）。

Ⅲ 語彙　＿＿点/4

下線部の語の意味として最も適当なものを選びなさい。

1　仕事は、しっかりとした計画を立て、丁寧に時間をかければ、おおよそ<u>それなりの成果</u>は上がるものです。

ア　ある程度の成果　　イ　大きな成果
ウ　それぞれの成果　　エ　当面の成果

2　彼は壁にかかっていた写真を<u>一瞥（いちべつ）した</u>。

ア　感動を覚えた　　イ　理解を深めた
ウ　ちらっとみた　　エ　認識を新たにした

3　技術面ではとても<u>太刀（たち）打ち</u>できない。

ア　誰よりも優れること　　イ　相手を追いかけること
ウ　互角の勝負をすること　　エ　相手を裏切ること

4　この地域では、江戸時代からの因習が最近まで<u>温存</u>されていた。

ア　好意的に受け止めること　　イ　責任を追及すること
ウ　ある傾向をさらに強めること　　エ　変えずに残しておくこと

Ⅳ 文法　＿＿点 /8

次の文の（　）に入る最も適当な語を選びなさい。

1　彼（　を　・　の　・　が　・　は　）相手に何を言ったって無駄だよ。彼は一度決めたら曲げないから。

2　筆跡からして、この手紙は彼が書いたとしか（　思えない　・　思いたい　・　思わせる　・　思わない　）。

3　あの人はとても愛情深いが、その裏返し（　として　・　とすれば　・　とても　・　となると　）、嫉妬心も強い。

4　彼女は、小さな店を一流企業へと育て（　あげた　・　あった　・　もった　・　とった　）。

5　私の本を弟が読みたがったので、（　読まれてあげた　・　読まれさせた　・　読ませてもらった　・　読ませてあげた　）。

6　もう眠たいが、明日提出のレポートを書き上げるまでは、寝る（　わけだ　・　わけではない　・　わけはない　・　わけにはいかない　）。

7　私は球技が好きだ。（　ところが　・　むしろ　・　たとえば　・　したがって　）、サッカーやバレーボールなどである。

8　人に親切にすることは、相手だけでなく、（　ついては　・　一方で　・　ひいては　・　つまり　）自分のためにもなる。

Day 27 / 30 days

練習問題 25

配点			合計点
漢字	語彙	文法	
点 /20	点 /11	点 /9	点 /40

Ⅰ 漢字 ＿＿点 /20

下線部について、ひらがなは漢字に、漢字はひらがなに直しなさい。送りがなのある語を漢字に直す際は送りがなも書きなさい。

1　ニュースを聞いてとても驚いたが、とっさに平静を①装った。

①（　　　　　　　）

2　毎年、正月には②田舎に③帰省します。

②（　　　　　　　）　③（　　　　　　　）

3　話題の④てんらんかいが開催されているため、美術館は混みあっていた。

④（　　　　　　　）

4　⑤さいがいが起こったときにどこに⑥ひなんするべきか、ハザードマップで確認する。

⑤（　　　　　　　）　⑥（　　　　　　　）

5　台風の接近によって、⑦軒並みスケジュールが⑧空っぽになった。

⑦（　　　　　　　）　⑧（　　　　　　　）

6　これは⑨くうぜんぜつごの大発見になるかもしれない。

⑨（　　　　　　　）

7　⑩たんとうしゃが全力を⑪あげて取り組んでいるプロジェクトなので、なんとか成功させたい。

⑩（　　　　　　　）　⑪（　　　　　　　）

8　彼女が⑫奏でたバイオリンの⑬音色は、どこか物悲しかった。

⑫(　　　　　　　　)　⑬(　　　　　　　　)

9　ＳＮＳを通して、間違った情報が⑭流布してしまった。

⑭(　　　　　　　　)

10　15年間会社員として⑮ふんとうしてきたが、近ごろはこのまま会社員でいるか、独立するかで⑯葛藤している。

⑮(　　　　　　　　)　⑯(　　　　　　　　)

11　近年、人間関係が⑰きはくになるのに伴って、伝統的な地域のコミュニティが⑱くずれてきている。

⑰(　　　　　　　　)　⑱(　　　　　　　　)

12　団体旅行の⑲すいたいに伴い、自分だけの体験をしたいという欲求が⑳喚起されやすくなった。

⑲(　　　　　　　　)　⑳(　　　　　　　　)

Ⅱ 語彙　＿＿点 /7

次の文の(　)に入る最も適当な語を選びなさい。

1　山に不法投棄を繰り返していた(　不孝者　・　不届き者　・　不適者　・　不遜(ふそん)者　)を捕まえた。

2　電車で考え事をしていたら、降りる駅を(　追い越して　・　追い抜いて　・　乗り過ごして　・　乗り過ぎて　)しまった。

3　初めてコンタクトレンズを入れたときは違和感があったが、(　たちまち　・　なかなか　・　それほど　・　かえって　)慣れた。

4　東京での公演を（　始まって　・　なして　・　もって　・　皮切りに　）、全国ツアーを行った。

5　今日はクリスマスなので、部屋を（　あれ　・　これ　・　それ　・　どれ　）らしく飾り付けた。

6　昨日のことをそんなに気に（　病まないで　・　染めないで　・　悩まないで　・　悔やまないで　）ください。みんな気にしていませんよ。

7　人と話しているところへ横やりを（　入れる　・　貫く　・　投げる　・　突く　）のはやめてください。

Ⅲ 語彙　＿＿＿点 /4

次の文の（　）に入る最も適当な語を選びなさい。

1　佐藤さんは上司に対しても（　かちんと　・　きちんと　・　ちらっと　・　のそっと　）自分の意見を言える。

2　店の入り口がわからず、しばらく周辺で（　ウロウロ　・　キリキリ　・　ソワソワ　・　トボトボ　）した。

3　試験会場から大勢の人が（　がらがら　・　ずるずる　・　じりじり　・　ぞろぞろ　）と出てきた。

4　彼女は病気でずいぶんと痩せて（　がっかり　・　じっくり　・　げっそり　・　ぐっしょり　）としていた。

Ⅳ 文法　　＿＿点 /6

次の文の（　）に入る最も適当な語を選びなさい。

1　彼女に問いただした（　ところで ・ ところに ・ ところも ・ ところは　）、はっきりした返事は帰ってこないだろう。

2　彼女はニュースを見る（　やいなや ・ うちに ・ すぐさま ・ とたん　）、家を飛び出した。

3　正義が自分の側にあると信じるとき、人はいと（　さえ ・ が ・ を ・ も　）たやすく他者を攻撃してしまう。

4　田中さんは同期に（　負けない ・ 負けよう ・ 負けじ ・ 負けず　）と猛勉強した。

5　空港に着くと、ホストファミリーからにこやかに（　出迎えた ・ 出迎えさせられた ・ 出迎えさせた ・ 出迎えられた　）。

6　この値段なら（　買いもない ・ 買ってはない ・ 買えなくもない ・ 買えなくしてはない　）が、できればもう少し安い方がいい。

Ⅴ 文法　　＿＿点 /3

次の文の（　）に入る最も適当な語を選びなさい。

1　忘れ物はありませんか。（　ただし ・ つまり ・ それに対して ・ もし　）何か忘れても、取りに戻れませんよ。

2　彼は最近、授業が終わったらすぐ帰る。（　というから ・ というなら ・ というのは ・ といって　）、毎日アルバイトをしているからだ。

3　参加希望の方は、申込用紙を提出してください。（　すると ・ なお ・ したがって ・ そのうえ　）、参加費は後日徴収します。

Day 28 / 30 days

練習問題 26

配点				合計点
漢字	語彙	文法	知識	
点 /23	点 /7	点 /6	点 /4	点 /40

I 漢字　＿＿点 /23

下線部について、ひらがなは漢字に、漢字はひらがなに直しなさい。送りがなのある語を漢字に直す際は送りがなも書きなさい。

1　工夫を①凝らし、家事を②手際よく片付ける。

①(　　　　　　)　②(　　　　　　)

2　彼女は立っているときに左足に体重をかける③くせがある。

③(　　　　　　)

3　ネット上での④執拗な⑤誹謗中傷に対しては、法的措置も辞しません。

④(　　　　　　)　⑤(　　　　　　)

4　退職するという友人に⑥ほんいを⑦促したが、決意は固かった。

⑥(　　　　　　)　⑦(　　　　　　)

5　⑧じゅようと⑨きょうきゅうのバランスが商品の価格に影響を与えている。

⑧(　　　　　　)　⑨(　　　　　　)

6　開幕式は、⑩おごそかな雰囲気で⑪執り行われた。

⑩(　　　　　　)　⑪(　　　　　　)

7　この化石は、⑫既知の生物とは特徴を⑬異にしている。

⑫(　　　　　　)　⑬(　　　　　　)

8　⑭行政の思惑(おもわく)と家庭の実情とが⑮しょうとつすることがしばしばあった。

⑭(　　　　　　)　⑮(　　　　　　)

9　この作家は一般向けの⑯啓蒙書を多く執筆した。

⑯(　　　　　　　　　　)

10　彼女のバイオリンの腕前は、プロに⑰匹敵するほどだ。

⑰(　　　　　　　　　　)

11　⑱裁判は⑲げんそくとして、誰でも傍聴することができる。

⑱(　　　　　　　　　　)　⑲(　　　　　　　　　　)

12　基本的人権は⑳ゆずることのできないものであり、これは㉑みとめられなければならない。

⑳(　　　　　　　　　　)　㉑(　　　　　　　　　　)

13　水の宅配サービスの場合、牛乳ほど配送㉒ひんどが高くないので、コストが㉓おさえられる。

㉒(　　　　　　　　　　)　㉓(　　　　　　　　　　)

Ⅱ 語彙　＿＿点 /7

次の文の(　)に入る最も適当な語を選びなさい。

1　この気体には(　特色　・　特有　・　特徴　・　特殊　)のツンとするようなにおいがある。

2　危機的状況を、チーム(　一丸　・　弾丸　・　砲丸　・　本丸　)となって乗り越えた。

3　(　さすが　・　たとえ　・　きっと　・　わりに　)家族に反対されても、私は漫画家を目指したい。

4　部屋に入ると、たくさんの椅子が(　ずらりと　・　ちらりと　・　ひらりと　・　たっぷりと　)並んでいた。

5　近ごろ、電車やバスでお年寄りに席を（　わたす　・　あげる　・　たつ　・　ゆずる　）人が減っている気がする。

6　頭の中で考えを（　煮出して　・　煮詰めて　・　煮立てて　・　煮立って　）から、計画書の作成に取りかかった。

7　海外出張では、まず言語の（　波　・　穴　・　壁　・　扉　）が立ちはだかった。

Ⅲ 文法　＿＿点 /6

次の文の（　）に入る最も適当な語を選びなさい。

1　有名な（　であって　・　をもって　・　だけあって　・　にとって　）、このレストランの料理はとてもおいしい。

2　この問題は先生（　でしか　・　ですら　・　もさえ　・　もこそ　）解けなかった難問だ。

3　初優勝という悲願を果たす（　べく　・　として　・　ばかりに　・　ほどに　）、懸命に練習に取り組む。

4　私は世界史、（　あたかも　・　とりわけ　・　あくまで　・　ただし　）イギリスの歴史が好きだ。

5　佐藤さんはいつも余裕をもって行動するから、もう集合場所に（　来ているものであろうか　・　来ないでいるではないか　・　来ているのではないか　・　来ていないのであろうか　）。

6　食文化は、その国の風土を反映したものでなければならない。（　ところが　・　むしろ　・　たとえば　・　したがって　）、日本で流通する食材の多くは、海外からの輸入に頼っている。

Ⅳ 知識　　＿＿点 /4

日本文学史に関する、次の各問いに答えなさい。

1　夏目漱石（なつめそうせき）が執筆した作品を、次から選びなさい。

ア　黒い雨　　イ　金閣寺　　ウ　春琴抄（しゅんきんしょう）　　エ　三四郎（さんしろう）

2　次の作品を成立年代順に正しく並べ替えたものを、後から選びなさい。

羅生門（らしょうもん）　竹取物語（たけとりものがたり）　徒然草（つれづれぐさ）　枕草子（まくらのそうし）

ア　枕草子 → 竹取物語 → 徒然草 → 羅生門

イ　枕草子 → 竹取物語 → 羅生門 → 徒然草

ウ　竹取物語 → 枕草子 → 徒然草 → 羅生門

エ　竹取物語 → 枕草子 → 羅生門 → 徒然草

3　次の文学作品の作者を、後からそれぞれ選びなさい。

A『源氏物語（げんじものがたり）』（　　　）

B『奥の細道（おくのほそみち）』（　　　）

ア　太宰治（だざいおさむ）　　イ　紫式部（むらさきしきぶ）　　ウ　松尾芭蕉（まつおばしょう）

エ　紀貫之（きのつらゆき）　　オ　鴨長明（かものちょうめい）　　カ　川端康成（かわばたやすなり）

このページで出てきた作品や作者は、
どれも日本ではとても有名です。
文学作品やその作者が入試問題で登場することもあるので、
特に文学系の学部を志望している人は、基本的な文学史を
勉強しておくことをおすすめします。

練習問題 27

もうひとふんばり！

配点			合計点
漢字	語彙	文法	
点 /20	点 /11	点 /9	点 /40

Ⅰ 漢字　＿＿点 /20

下線部について、ひらがなは漢字に、漢字はひらがなに直しなさい。送りがなのある語を漢字に直す際は送りがなも書きなさい。

1　都市部を①貫く大きな道路で事故が起こり、車の流れが②滞っている。

①(　　　　)　②(　　　　)

2　何か③ふつごうがございましたら、ご④えんりょなさらずにおっしゃってください。

③(　　　　)　④(　　　　)

3　幼いころから⑤患っていた病気が快方に向かっている。

⑤(　　　　)

4　「太陽」や「月」という語の⑥さす対象があることは⑦めいりょうである。

⑥(　　　　)　⑦(　　　　)

5　彼は優しいというよりも、自己⑧ぎせいの精神を持っているのだ。

⑧(　　　　)

6　インフルエンザが家庭内に⑨蔓延してしまった。

⑨(　　　　)

7　我々が⑩せっとくしても、彼女の主張を⑪覆すことはできなかった。

⑩(　　　　)　⑪(　　　　)

8　何かを食べ、消化した後に⑫はいせつするというのは、動物としての人間の⑬せつりである。

⑫(　　　　　　　　)　⑬(　　　　　　　　)

9　擬人法を多用するところに、この文章の特色を⑭見出せる。

⑭(　　　　　　　　)

10　学校を卒業したとたん、⑮そえんになってしまった友人も多い。

⑮(　　　　　　　　)

11　高齢者との交流を通じて、他者を⑯うやまう心や思いやりの気持ちを⑰培う。

⑯(　　　　　　　　)　⑰(　　　　　　　　)

12　交通ルール違反が日常⑱茶飯事になっている現状を⑲顧みる。

⑱(　　　　　　　　)　⑲(　　　　　　　　)

13　社会から信用を得るためにも、企業は法令の⑳遵守に努めなければならない。

⑳(　　　　　　　　)

Ⅱ 語彙　　＿＿点 /7

次の文の(　)に入る最も適当な語を選びなさい。

1　この参考書に出てくる記号の意味は、巻頭の(　事例 ・ 恒例(こうれい) ・ 前例 ・ 凡例(はんれい)　)で説明されている。

2　何かを学びたいとき、実際にやってみるのに(　しのぐもの ・ しのぶもの ・ まがうもの ・ まさるもの　)はない。

3　あの人のふるまいは、(　いまだ ・ いわば ・ いぜん ・ いっそ　)子どものけんかに親が出ていくようなものだ。

4　以前は大人気だったこのデザインも、現在は（　強火　・　弱火　・　上火　・　下火　）になっています。

5　「意識がどのように発生するのか」という問題は、難問中の（　端的な問題　・　難しい問題　・　難問　・　極端　）である。

6　彼女は昔から正義感が強く、警察官に（　なるべく　・　なるべくして　・　なるべきとして　・　なるべくなら　）なった。

7　「会議では立場を気にせず発言してください」と言われたので意見を言ったら、「新人がでしゃばるな」と言われた。典型的な（　コミュニケーション　・　コンテクスト　・　ダブルバインド　・　アナロジー　）だ。

Ⅲ 語彙　＿＿点 /4

次の文の（　）に入る最も適当な語を選びなさい。

1　彼は私にとって（　限　・　唯　・　独　・　少　）一無二の親友だ。

2　忠告を無視した結果失敗したのなら、自（　業　・　技　・　作　・　生　）自得だろう。

3　鈴木さんは小さい頃から勉強熱心で、博覧強（　鬼　・　記　・　期　・　機　）の人だった。

4　東京圏への一（　点　・　極　・　部　・　回　）集中は、地価の高騰や交通渋滞などの問題につながる。

Ⅳ 文法　＿＿点 /6

次の文の（　）に入る最も適当な語を選びなさい。

1　これ以上は1分（　ならず　・　なるとも　・　たりとも　・　たらず　）待てません。

2　彼は家に帰ってくる（　ばかりに　・　ところ　・　かぎり　・　なり　）、自室に閉じこもってしまった。

3　かりに原稿が消失してしまった（　といえば　・　としても　・　とすれば　・　となるため　）、本が残っていれば読者は作品を読める。

4　ほんの感謝の気持ちです。（　もらってくれませんか　・　もらってあげられますか　・　あげられませんか　・　あげさせられますか　）。

5　皆様、本日はお忙しい中（　お集まりくださいまして　・　お集まりなさいまして　・　お集まりで　・　お集まりされまして　）ありがとうございます。

6　先生への手紙を（　書きつ消しつ　・　書いては消し書いては消し　・　書きつ消しつつ　・　書くともなく消すともなく　）、やっとのことで書き上げた。

V 文法　　＿＿点 /3

次の文の（　）に入る最も適当な語を選びなさい。

1　今日から４月だ。（　つまり　・　とはいえ　・　それゆえ　・　ところで　）、まだまだ朝晩は寒い。

2　昔は、お湯を手に入れることは容易ではなかった。（　A　）、温泉ならば、そこに行けばいつでもたっぷりの湯につかれた。（　B　）、温泉には医薬的な効能もあり、人びとはそれもあってしばしば温泉に行くようになった。

ア　さらに　　イ　しかし　　ウ　なぜならば
エ　もちろん　　オ　したがって

A（　　　　）　B（　　　　）

力試しテスト 第3回

配点			合計点
漢字	語彙	文法	
点 /20	点 /18	点 /12	点 /50

漢字 ▶ ＿＿＿点 /12（1 点×12）

1　下線部について、ひらがなは漢字に、漢字はひらがなに直しなさい。送りがなのある語を漢字に直す際は送りがなも書きなさい。

⑴　説明が①丁寧でわかりやすかった。（上智）

⑵　兄への②伝言を書き残した。

⑶　科学が③えがき出す世界像。（早稲田）

⑷　動き出した瞬間から、④一瞬たりとも窓外に目が離せない。（東京外国語・改）

⑸　白髪の紳士と⑤ならんで、Ｔシャツ姿の若者たちも受講している。（立教・改）

⑹　⑥一息ついて体勢を立て直すだけの余裕は出てきそうです。（東京外国語）

⑺　自分の癖や、こだわりや、才能や、⑦欠陥が⑧露呈してくる。（中央）

⑻　原文に限り無く⑨ちゅうじつに従うように心掛けている。（上智）

⑼　⑩せいりょう飲料ビジネスにおける宅配事業。（横浜市立・改）

⑽　言うことを聞いているふうに⑪よそおいながら歩く。（青山学院・改）

⑾　いろいろな人がいろいろな意見を持つことでバランスをとるのが⑫成熟した社会人のあり方です。（学習院）

①	②	③
④	⑤	⑥
⑦	⑧	⑨
⑩	⑪	⑫

漢字 ▶ ＿＿＿点 / 8（1点×8）

2　下線部のひらがなを漢字に直しなさい。なお、送りがなのある語を漢字に直す際は送りがなも書きなさい。

(1)
- 若者を①たいしょうとした雑誌を購入する。
- 彼はハリウッドとは②たいしょう的な手法の監督として大成した。（一橋・改）
- 人間の体は、左右③たいしょうではない。

(2)
- 音読みの④きげんは中国語の発音にある。（青山学院・改）
- 宿の主人が、よく来てくれたといって⑤きげんよく話しかける。（上智・改）

(3)
- 七年⑥たったときに、子どもが生まれました。（中央・改）
- 健康診断の結果が悪かったため、酒を⑦たった。
- 音声を残して、彼は消息を⑧たった。

①	②	③
④	⑤	⑥
⑦	⑧	

語彙 ▶ ＿＿＿点 / 4（1点×4）

3　次の文の（　）に入る最も適当な語を選びなさい。

(1)　チームの代表として、彼女に白羽の矢が（　　）。

ア　飛んだ　　イ　立った　　ウ　打った　　エ　刺さった

(2)　親の反対を（　　）、遠方の大学へ進学した。

ア　押しつけて　　イ　押し切って

ウ　押し込んで　　エ　押し出して

(3)　もしも失敗したら、次にどんな手を（　　）いいのか。（立教・改）

ア　入れれば　　イ　打てば　　ウ　回せば　　エ　つければ

(1)
(2)
(3)

(4) (　　) 文筆によって生計を立てようとするものは、自分の書くものに責任を持つ覚悟がなければならない。(早稲田)

ア　いやしくも　　イ　たちまち　　ウ　とりあえず　　エ　ようやく

(4)

語彙 ▶ ＿＿点 /12 (2点×6)

4　次の文の (　) に入る最も適当な語を書き、慣用表現を完成させなさい。ただし、(　　) 内の字数で書くこと。

(1) 駅のまわりの放置自転車に手を (　2字　)。

(2) 彼らは馬が (　2字　) らしく、いつ見ても一緒にいる。

(3) 仕事がたくさんあって、ねこの手も (　4字　) ほど忙しい。

(4) 「サルも木から (　3字　)」とは、名人にも失敗はあることを表す。

(5) 「横やりを (　3字　)」は、第三者が横から人の話や仕事に口を出して妨害するという意味だ。

(6) 何を聞いても、要領を (　3字　) 答えしかかえってこない。(横浜商科・改)

(1)	(2)	(3)
(4)	(5)	(6)

文法 ▶ ＿＿点 / 6 (1点×6)

5　次の文の (　) に入る最も適当な語を選びなさい。

(1) 理由が何 (　　)、万引きを行うのはよくない。

ア　といい　　イ　であれ　　ウ　ですら　　エ　としても

(2) 子どもには考える力がないと言われ (　　) だが、決してそんなことはない。(横浜商科)

ア　すぎ　　イ　がち　　ウ　よう　　エ　かけ

(3) 学者 (　　) 者、根拠は明らかにせねばならない。

ア　なる　　イ　たる　　ウ　さる　　エ　とる

(1)
(2)
(3)

(4) 困難を克服するには、自分の頭で(　　)。(青山学院)

ア 考えてはいない　　イ 考えずにえない

ウ 考えざるをえない　　エ 考えをえない

(5) この辺は自然が豊かでいいが、店(　　)自動販売機すらない。(明海)

ア さえ　　イ はおろか　　ウ だけ　　エ でも

(6) (　　)表面的な違いが、歴然とした差異を生む。(早稲田・改)

ア ちょっと　　イ たったの　　ウ ものの　　エ ほんの

(4)
(5)
(6)

語彙 ▶ ＿＿点/2 (2点×1) **文法** ▶ ＿＿点/6 (2点×3)

6　次の文章の(　　)に入る最も適当な語を、後から選びなさい。

学習によって習得された笑いは基本的に「親和行動」である。「あなたに敵意はありませんよ」あるいは「親しくしましょう」という(　1　)である。

ということは、「近づきたい相手に笑う」という行動にも使われる。セールスマンは基本的に微笑みを絶やさない。客に好意があるから微笑むのではない。相手に好意を持ってもらうために微笑むのである。(　2　)、相手に好意があろうとなかろうと、セールスマンは微笑む訓練をしているのである。(　3　)、訓練で人は微笑むことができるようになる。(　4　)、キャッチ・セールスのように、強く相手を惹きつけたい場合は、微笑みも巧妙になってくる。

竹内一郎『人は見た目が9割』より(立教・改)

(1) ア レター　　イ 電信　　ウ 報告　　エ メッセージ

(2) ア つまり　　イ また　　ウ たとえば　　エ しかし

(3) ア および　　イ いっぽう　　ウ そして　　エ けれども

(4) ア それでも　　イ とりわけ　　ウ ただし　　エ もしくは

[語彙] (1)	[文法] (2)	[文法] (3)	[文法] (4)

ここまでよく頑張りました!
大学合格がぐっと近づきましたよ!

解答・略解

練習問題 1 (p.6～9)

Ⅰ ①昔　②たんじょうび　③とど
④家　⑤争って　⑥新聞　⑦重要
⑧大量　⑨うしな　⑩もど　⑪と
⑫けしき　⑬勉強　⑭ゆうしゅう
⑮美しさ　⑯だいじ　⑰存在
⑱当然　⑲こうじょう
⑳はってん

Ⅱ 1 来週　2 的　3 ぐっすり
4 ほがらかな　5 とおして　6 観
7 対して

Ⅲ 1 効率　2 対面　3 着想　4 現象

Ⅳ 1 ばかり　2 まま　3 ても
4 まい　5 もとに

Ⅴ 1 で　2 と　3 も　4 に

★ Ⅳ 4「まい」=「ないだろう」

練習問題 2 (p.10～13)

Ⅰ ①連絡　②ぼうえき　③理解
④さいふ　⑤けさ　⑥風邪
⑦治し　⑧きょうだい　⑨しまい
⑩最初　⑪きゅうりょう
⑫せんぱい　⑬意見　⑭違い
⑮おうべい　⑯きび　⑰対象
⑱作業　⑲もくひょう　⑳強制

Ⅱ 1 分析　2 整えた　3 携わり
4 スイッチ　5 なかなか　6 漬け
7 勝る

Ⅲ 1 おとなしく　2 おだやかな
3 まれ　4 すべ

Ⅳ 1 を　2 見ると　3 とも
4 もとづいて　5 行ったら

Ⅴ 1 こと　2 こと　3 わけではない
4 はず

練習問題 3 (p.14～17)

Ⅰ ①ふしぎ　②毎日　③じゅぎょう
④さよう　⑤豊か　⑥環境
⑦必死　⑧すがた　⑨ひょうじ
⑩険しい　⑪異文化　⑫ひじょう
⑬きゅうけい　⑭かみん
⑮細かく　⑯価格　⑰ぞくせい
⑱まわ　⑲大変　⑳つと

Ⅱ 1 くずして　2 ぴったり
3 うらぎられて　4 不景気
5 びっくり

Ⅲ 1 かど　2 発展　3 意外な
4 予感

Ⅳ 1 には　2 つもり
3 いばってはいけない
4 太りぎみだ　5 のに
6 にとって　7 食べる

Ⅴ 1 に　2 か　3 と　4 に

形に注意!

強 風 違 豊
環 険 異 変

書き間違えやすい字です。
形をよく見て書きましょう!

練習問題 4 (p.18～21)

Ⅰ ①つら ②けいけん ③回復
④貸さない ⑤はんい ⑥限定
⑦暴れて ⑧左右 ⑨しんちょう
⑩豊富 ⑪どうりょう
⑫ぼうだい ⑬いっこく ⑭早く
⑮失礼 ⑯あらた ⑰悩んで
⑱しょうひしゃ ⑲優先
⑳ねっしん

Ⅱ 1 うち 2 角度 3 それほど
4 なでる 5 マナー 6 過ごした
7 合った

Ⅲ 1 どきどき 2 ざっくり
3 こっそり 4 ぐっと

Ⅳ 1 を 2 に対して 3 も
4 ことには
5 いいというものではない

Ⅴ 1 上手な 2 遅れ 3 低下させる
4 知り

練習問題 5 (p.22～25)

Ⅰ ①注意 ②部屋 ③こうせい
④複雑 ⑤ひび ⑥工夫 ⑦ねら
⑧弱い ⑨果物 ⑩反省 ⑪しる
⑫こわ ⑬扱い ⑭きざ
⑮みぶん ⑯出向いた ⑰忘れて
⑱なまなま ⑲いっせい
⑳寄って

Ⅱ 1 あきれた 2 申請 3 積み
4 者 5 きっぱり 6 うようよ
7 しばしば

Ⅲ 1 ア 2 ア 3 エ 4 ウ

Ⅳ 1 において 2 おこう
3 ところで 4 もの
5 のみならず

Ⅴ 1 に 2 を 3 なんか 4 しか

★Ⅴ 2 持ち主の受け身なので、「(X は) Y に N を V される」の形になる。

練習問題 6 (p.26～29)

Ⅰ ①働いて ②がまん ③嫌う
④けっこん ⑤しょうたい ⑥た
⑦想像 ⑧疑問 ⑨えんりょ
⑩質問 ⑪か ⑫発生
⑬やくわり ⑭分析 ⑮全く
⑯かんげき ⑰参加 ⑱さそ
⑲失敗 ⑳ひはん

Ⅱ 1 好み 2 あいだ 3 きつく
4 くらい 5 ちらっと 6 ついた
7 とうとう

Ⅲ 1 シャッター 2 サイン
3 ブレーキ 4 アクセント

Ⅳ 1 で 2 見られます
3 借金してまで 4 くれた
5 みても 6 お持ち

Ⅴ 1 がちになる 2 ようになっている
3 食べたくてたまらなくなる

★Ⅳ 6 「～てください」を尊敬語にすると「お + V マス形 + ください」になる。

形に注意!

暴 悩 優 雑
働 疑 質 発

練習問題 7（p.30～33）

Ⅰ ①順番 ②情報 ③混乱
④涼しく ⑤おおはば ⑥指摘
⑦しゅしょう ⑧いしき ⑨運動
⑩せんたくき ⑪ふきゅう
⑫こばな ⑬希望 ⑭報告
⑮おどろ ⑯事実 ⑰就職
⑱とたん ⑲かさ ⑳お

Ⅱ 1延期 2ダイレクト
3のろのろ 4ぐらぐら
5そろそろ 6なんとか 7一

Ⅲ 1不 2性 3超 4費

Ⅳ 1つけた 2たびに 3ばかりか
4つき 5もらいたい

Ⅴ 1いらっしゃいますか
2いただける 3はいけんした
4と存じます

練習問題 8（p.34～37）

Ⅰ ①深刻 ②そな ③練習
④はっき ⑤たたみ ⑥しだい
⑦痛く ⑧容易 ⑨操る
⑩ほうげん ⑪しょうかい
⑫排除 ⑬困る ⑭便利 ⑮効率
⑯げんしょう ⑰寄生 ⑱なが
⑲味わう ⑳占めて

Ⅱ 1費用 2可能性 3けずられて
4わずか 5えない 6メディア
7ある 8どうせ

Ⅲ 1間 2すました 3顔が広い

Ⅳ 1と 2食べた 3うえに
4ように 5そう 6でさえ

Ⅴ 1どころか 2ところ
3にも関わらず

★Ⅱ5「やむをえない」は「ほかにどうすることもできない」という意味。

練習問題 9（p.38～41）

Ⅰ ①宣伝 ②つ ③減少 ④寝る
⑤健康 ⑥よゆう ⑦しっぴつ
⑧あ ⑨おお ⑩経つ
⑪しょうがい ⑫途中 ⑬負担
⑭過程 ⑮ほんやく ⑯効果
⑰もち ⑱かくとく ⑲じょうぶ
⑳積み

Ⅱ 1とり消す 2軒 3カ
4とりあえず 5どうやら
6もちろん 7人

Ⅲ 1ア 2ア 3ウ 4ア

Ⅳ 1橋を 2おきに 3ほど
4こと 5たとえ

Ⅴ 1出した 2怒ろうと 3減る
4起こし

★Ⅰ⑭「過程（かてい）」＝「物事が変化する道筋」
「課程（かてい）」＝「修得しなければならない学習の範囲」 よってここでは「過程」。

形に注意!

報 実 職 練
効 寝 経 過

力試しテスト第1回（p.42〜45）

1 ①問われて　②雰囲気
③負わせて　④おおぜい　⑤著し
⑥たんせい　⑦だいじょうぶ
⑧ばくぜん　⑨正確　⑩性格
⑪超えて　⑫越えて

2 (1)①基準　②重要　③きづか
④視線　⑤批判　⑥別
⑦はんのう　⑧こと　(2)ア

3 (1)イ　(2)ウ　(3)イ

4 (1)歯　(2)逆　(3)間　(4)①一　②人

5 (1)ウ　(2)エ　(3)イ　(4)ア

6 (1)ウ　(2)イ　(3)イ　(4)エ

7 (1)イ　(2)イ　(3)エ

★1 ⑪「超える」=「ある範囲や程度を過ぎる」 ⑫「越える」=「ある場所や時期を過ぎる」

練習問題 10（p.46〜49）

Ⅰ ①あやま　②見事
③たっせいかん　④責任　⑤か
⑥たの　⑦鮮明　⑧おさな
⑨事故　⑩刻まれた　⑪こくもつ
⑫経済　⑬しょう　⑭くだ
⑮ぜひ　⑯若気　⑰迷惑　⑱図る
⑲美術館　⑳超えた

Ⅱ 1人工　2おしい　3際は
4うち　5または　6決して
7ストレート

Ⅲ 1おだてられて　2あざやか
3もたらした　4せいぜい

Ⅳ 1いっぽう　2飛べる
3はじめて　4とともに
5くれる

Ⅴ 1に　2の　3こそ　4さえ

★Ⅲ 4「せいぜい」=「多くても」

練習問題 11（p.50〜53）

Ⅰ ①しょうちょう　②宣言
③だっしゅつ　④めざ　⑤試験
⑥準備　⑦せつじつ
⑧そっちょく　⑨えいきょう
⑩およ　⑪分野　⑫転がって
⑬傾いて　⑭さっかく　⑮研究者
⑯一致　⑰疲労　⑱はら　⑲境界
⑳いた

Ⅱ 1立ち直って　2うんざり
3なつかしい　4理由
5あたります　6とうてい　7化

Ⅲ 1プラン　2ユーモア　3リスク
4イメージ

Ⅳ 1まみれ　2にむかって　3限り
4ぎみ　5その反面

Ⅴ 1働いた　2行くなら
3見出される　4いたら

★Ⅱ 4「理由」=「そうなるに至った事情・そう思う根拠」「原因」=「物事を引き起こすもと」

形に注意！

確 別 図 術
館 験 備 労

練習問題 12（p.54～57）

Ⅰ ①解決　②ため　③最適　④たも　⑤忙しい　⑥遅刻　⑦たびたび　⑧磨く　⑨可能性　⑩のうこう　⑪わくぐ　⑫がいとう　⑬みずか　⑭む　⑮とうそつ　⑯肯定　⑰ほうじん　⑱権利　⑲義務　⑳認められた

Ⅱ 1期日　2おびただしい　3どうも　4こつこつ　5頭　6そっけない

Ⅲ 1エ　2ア　3ア　4ウ

Ⅳ 1入らない　2というより　3とは　4にわたって　5はず　6おそれがある

Ⅴ 1よっては　2とって　3くせに　4としたら

練習問題 13（p.58～61）

Ⅰ ①いしょくじゅう　②まんぞく　③実際　④支えて　⑤なつ　⑥ほんね　⑦たく　⑧旅館　⑨清掃　⑩しこう　⑪対照的　⑫境遇　⑬昇進　⑭価値　⑮信頼　⑯むじゅん　⑰標的　⑱はっさん　⑲ちつじょ　⑳ひそ

Ⅱ 1少なくとも　2さす　3名　4ホームページ　5つかめば　6あながち　7通行

Ⅲ 1だらだら　2うっかり　3ほっと　4ばらばら

Ⅳ 1のに　2されてきた　3せいで　4をめぐって　5いただき　6思ってもみなかった

Ⅴ 1ただし　2それとも　3にもかかわらず

★Ⅳ4「めぐって」は、ある事を中心としてつながり合うときに使う。

練習問題 14（p.62～65）

Ⅰ ①余裕　②はぶ　③根拠　④おそ　⑤だま　⑥媒介　⑦きょくたん　⑧こちょう　⑨機能　⑩割って　⑪あいだがら　⑫ごい　⑬低下　⑭少子高齢化　⑮損ねた　⑯なまみ　⑰習慣　⑱きた　⑲条件　⑳れつあく

Ⅱ 1ぼうぜんと　2せめて　3構築　4なだらかな　5手　6とても　7きりあげたい　8みよう

Ⅲ 1ウ　2イ　3イ

Ⅳ 1もの　2からには　3といっても　4お取り　5ほど

Ⅴ 1も　2か　3で　4に

★Ⅲ2「しばしば」＝「たびたび・しきりに・しょっちゅう」

形に注意！

適　遅　権　義
務　認　際　齢

練習問題 15 (p.66～69)

I ①拒否　②勤めて　③ゆうびんぶつ　④対応　⑤誇り　⑥映った　⑦議論　⑧延長　⑨解釈　⑩ゆだ　⑪ぎんみ　⑫かたまり　⑬かたよ　⑭すなお　⑮昨今　⑯ほっそく　⑰すぐ　⑱能力　⑲あこが　⑳じゃっかん

II 1たった　2案外　3思い切って　4フォーマル　5表裏　6当然　7まわれ

III 1非　2諸　3現　4下

IV 1かぎり　2まで　3として　4ものの　5聞かせてもらった　6ものだ

V 1ご注意ください　2お出しする　3していただけませんか

★ I ⑫「塊」の訓読みは「かたまり」。「魂（たましい）」と間違えないよう注意。

練習問題 16 (p.70～73)

I ①地域　②規模　③形跡　④るすちゅう　⑤預かる　⑥いた　⑦あまも　⑧境　⑨上昇　⑩こくふく　⑪ふほう　⑫けいこ　⑬飛ぶ　⑭いきお　⑮共存　⑯形成　⑰ちゅうしょう　⑱具体　⑲そぼく　⑳ひゆ

II 1修理　2しきりに　3風物詩　4はらはら　5払って　6ほかない　7引く

III 1頭　2蜂　3すえて　4きもをつぶした

IV 1をよそに　2よる　3もの　4わからない　5待たされた

V 1つつ　2で　3が　4と

練習問題 17 (p.74～77)

I ①いと　②沈んで　③基づいて　④せっしゅ　⑤構成員　⑥配慮　⑦したく　⑧す　⑨ざせつ　⑩偶然　⑪そうぐう　⑫こうむ　⑬尊厳　⑭守られ　⑮はんじょう　⑯類似　⑰差別　⑱ぬぐ　⑲向上　⑳きょうじゅ

II 1むしろ　2行動　3照らして　4点　5あまり　6想定外　7デリケート　8溝

III 1ア　2ウ　3エ

IV 1どころ　2こと　3とあって　4かぎり　5のみならず

V 1やらせて　2あきらめ　3急ごう　4聴いて

★ I ③「基（もと）」＝「根拠・基準・土台」、「元（もと）」＝「以前の状態」なので、「基づく」と書く。

形に注意！

応　誇　論　釈
飛　沈　慮　厳

練習問題 18（p.78 ～ 81）

Ⅰ ①つつし ②緩んだ ③統一
④ほうかい ⑤影響 ⑥ぜっさん
⑦記憶 ⑧おそ ⑨はば
⑩たくわ ⑪腐って ⑫なっとく
⑬契約 ⑭許可 ⑮事態 ⑯維持
⑰そんぞく ⑱犯して ⑲さば
⑳つぐな

Ⅱ 1はぐれて 2深追い 3あげて
4考え直した 5軒並み
6すまない 7目

Ⅲ 1創意工夫 2二束 3歩 4イ

Ⅳ 1うえで 2もの 3において
4くれた 5とは限らない 6ア

Ⅴ 1眠くてしょうがない
2かねない 3だったかというと

★Ⅲ2「二束三文（にそくさんもん）」は、「数が多くても値段が非常に安いこと」。「文」は昔の日本のお金の単位。

力試しテスト第2回（p.82 ～ 85）

1 ①鈍化 ②必然 ③本音 ④定義
⑤ふうど ⑥さいしん ⑦繰り
⑧ためいき ⑨もうら ⑩映す
⑪写す ⑫移す

2 ①ちが ②じしょう ③納得
④いんが ⑤おそ ⑥ぶきみ
⑦好む ⑧にんしき

3 (1)ウ (2)ウ (3)イ (4)ウ (5)ウ
(6)イ

4 (1)こわし (2)反対しよう
(3)もちこまれ (4)照らして
(5)ぬった (6)食べられる

5 (1)ウ (2)イ (3)エ (4)ア

6 (1)イ (2)ウ (3)エ (4)イ

練習問題 19（p.86 ～ 89）

Ⅰ ①休憩 ②もう ③ぜせい
④組織 ⑤そうじ ⑥こうご
⑦けんよう ⑧発揮 ⑨目前
⑩異議 ⑪となる ⑫起源
⑬どうこう ⑭把握 ⑮おとろ
⑯じゅみょう ⑰著しく ⑱防御
⑲はず ⑳しろうと ㉑けんとう
㉒もんく ㉓あんもく

Ⅱ 1追い打ち 2適用 3ぶかぶか
4はじめ 5ふんだんに 6アポ
7網

Ⅲ 1ア 2エ 3ウ 4ウ

Ⅳ 1にせよ 2もかまわず
3にともなって 4わけ
5言ったって 6うかがう

★Ⅱ6「アポ」は「アポイントメント（appointment）」の略。

形に注意！

響 憶 契 態
鈍 写 著 御

練習問題 20 (p.90 ～ 93)

Ⅰ ①いろど　②添えて　③治める
④いとな　⑤過剰　⑥交渉
⑦きわ　⑧焦り　⑨つの
⑩ひろう　⑪貢献　⑫還元
⑬じせい　⑭換算　⑮あらが
⑯はんしょく　⑰こもり　⑱てっ
⑲及ぼす　⑳循環

Ⅱ 1 背景　2 公　3 ひかえる
4 一向　5 おろか　6 かつて
7 キャリア

Ⅲ 1 口　2 峠　3 冷やし
4 気を配る

Ⅳ 1 に　2 見かねて　3 ため
4 ばかりだ　5 までに

Ⅴ 1 鳴らされても　2 思いつつ
3 聞いては　4 しようにも

★ Ⅱ 2「公」は、訓読みで「おおやけ」と読むと「公然・公的なこと・社会」といった意味になる。対義語 私（わたくし）

練習問題 21 (p.94 ～ 97)

Ⅰ ①栄養　②積極　③関与　④自在
⑤つど　⑥驚く　⑦よくせい
⑧瞬間　⑨尋ねられた
⑩ふところ　⑪特徴　⑫携わる
⑬微妙　⑭むだ　⑮概念　⑯なら
⑰かろ　⑱免れた　⑲忠誠心
⑳そうしつ　㉑しんまい　㉒した
㉓遂行

Ⅱ 1 ついやした　2 おすそ分け
3 うとうと　4 何もかも
5 えない　6 手

Ⅲ 1 しかられて　2 あっけなく
3 はなはだしい　4 たしなめた

Ⅳ 1 ばかりに　2 ことに　3 ものを
4 までも　5 あそばせて
6 言い切れる
7 変化せざるを得ない

練習問題 22 (p.98 ～ 101)

Ⅰ ①誰　②あんど　③稼ぐ
④寂しい　⑤おもむき　⑥う
⑦うれ　⑧お　⑨矛盾　⑩露呈
⑪ようご　⑫機　⑬にな　⑭ふく
⑮育んで　⑯はんよう　⑰普遍
⑱興味　⑲年功序列　⑳主張

Ⅱ 1 弁解　2 希薄　3 なりゆき
4 まちまち　5 占められている
6 走った　7 頭を抱える

Ⅲ 1 ねこ　2 雲　3 矢　4 馬が合う

Ⅳ 1 で　2 すえに　3 まで
4 いじょう　5 思いきや
6 それにしては

Ⅴ 1 すると　2 に対して
3 ということは

★ Ⅰ ⑮「育」は送り仮名で読み方が変わる。「育（はぐく）む」「育（そだ）てる」

形に注意！

剰 換 養 極 驚
尋 徴 微 免 興

練習問題 23 (p.102 ～ 105)

Ⅰ ①穏やか　②ようきゅう　③拒む
④あいまい　⑤こわだか
⑥かばん　⑦隠した　⑧治療
⑨施して　⑩寮　⑪消耗
⑫けんいん　⑬しゅうさい
⑭ひい　⑮おおもの　⑯安易
⑰おちい　⑱かわせ　⑲緊張
⑳し　㉑過渡期　㉒伴う

Ⅱ 1不毛　2まぎらわしい
3ろくに　4ぽかん　5占める
6駆り立てた　7手　8泥沼

Ⅲ 1プロセス
2オリエンテーション
3タブー　4コントラスト

Ⅳ 1いただけに　2と　3をかねて
4ときたら　5笑わせてくれる
6つまり

★Ⅱ8「泥沼にはまりこむ」は「なかなか抜け出せない悪い状況に陥る」こと。

練習問題 24 (p.106 ～ 109)

Ⅰ ①もよ　②引(っ)越した　③推薦
④しった　⑤控え　⑥やしな
⑦暇　⑧こころよ　⑨ひんぱん
⑩じゅもく　⑪意識　⑫実感
⑬実施　⑭かっきてき　⑮まなざ
⑯りんしょう　⑰のぞ　⑱きひ
⑲顧客　⑳迅速　㉑依然
㉒極めて

Ⅱ 1錯覚　2おろそか　3やっと
4かたい　5心　6左右される

Ⅲ 1ア　2ウ　3ウ　4エ

Ⅳ 1を　2思えない　3として
4あげた　5読ませてあげた
6わけにはいかない　7たとえば
8ひいては

練習問題 25 (p.110 ～ 113)

Ⅰ ①よそお　②いなか　③きせい
④展覧会　⑤災害　⑥避難
⑦のきな　⑧から　⑨空前絶後
⑩担当者　⑪挙げて　⑫かな
⑬ねいろ　⑭るふ　⑮奮闘
⑯かっとう　⑰希薄　⑱崩れて
⑲衰退　⑳かんき

Ⅱ 1不届き者　2乗り過ごして
3たちまち　4皮切りに　5それ
6病まないで　7入れる

Ⅲ 1きちんと　2ウロウロ
3ぞろぞろ　4げっそり

Ⅳ 1ところで　2やいなや　3も
4負けじ　5出迎えられた
6買えなくもない

Ⅴ 1もし　2というのは　3なお

★Ⅰ⑧「空」は読み方で意味が異なる。「空(から)」=「中身が入っていないこと」、「空(そら)」=「天空」。

形に注意!

穏　隠　療　緊　薦
識　顧　覧　挙　奮

練習問題 26（p.114～117）

Ⅰ ①こ　②てぎわ　③癖
④しつよう
⑤ひぼうちゅうしょう　⑥翻意
⑦うなが　⑧需要　⑨供給
⑩厳かな　⑪と　⑫きち　⑬こと
⑭ぎょうせい　⑮衝突
⑯けいもう　⑰ひってき
⑱さいばん　⑲原則　⑳譲る
㉑認められ　㉒頻度　㉓抑え

Ⅱ 1特有　2一丸　3たとえ
4ずらりと　5ゆずる
6煮詰めて　7壁

Ⅲ 1だけあって　2ですら　3べく
4とりわけ
5来ているのではないか
6ところが

Ⅳ 1エ　2ウ　3Aイ　Bウ

★Ⅳ 1イ『金閣寺』の作者は三島由紀夫(みしまゆきお)、ウ『春琴抄』の作者は谷崎潤一郎(たにざきじゅんいちろう)。

練習問題 27（p.118～121）

Ⅰ ①つらぬ　②とどこお　③不都合
④遠慮　⑤わずら　⑥指す
⑦明瞭　⑧犠牲　⑨まんえん
⑩説得　⑪くつがえ　⑫排泄
⑬摂理　⑭みいだ　⑮疎遠
⑯敬う　⑰つちか　⑱さはんじ
⑲かえり　⑳じゅんしゅ

Ⅱ 1凡例　2まさるもの　3いわば
4下火　5難問　6なるべくして
7ダブルバインド

Ⅲ 1唯　2業　3記　4極

Ⅳ 1たりとも　2なり　3としても
4もらってくれませんか
5お集まりくださいまして
6書いては消し書いては消し

Ⅴ 1とはいえ　2Aイ　Bア

力試しテスト第3回（p.122～125）

1 ①ていねい　②でんごん　③描き
④いっしゅん　⑤並んで
⑥ひといき　⑦けっかん
⑧ろてい　⑨忠実　⑩清涼
⑪装い　⑫せいじゅく

2 ①対象　②対照　③対称　④起源
⑤機嫌　⑥経った　⑦断った
⑧絶った

3 (1)イ　(2)イ　(3)イ　(4)ア

4 (1)焼く　(2)合う　(3)借りたい
(4)落ちる　(5)入れる　(6)得ない

5 (1)イ　(2)イ　(3)イ　(4)ウ　(5)イ
(6)エ

6 (1)エ　(2)ア　(3)ウ　(4)イ

★2 ①「対象」＝「働きかけの目標とするもの」 ②対照＝「比べること・違いが際立つこと」 ③対称＝「つりあっていること」

形に注意!

癖　衝　突　譲
遠　犠　摂　疎

巻末資料　試験で役立つ言葉を一覧にまとめました。

●同じ読みの漢字　同音異義語

読み	例文
いがい	・太郎くん以外、この部屋には誰もいない。 ・想像もしていなかった意外な結果に驚く。
いぎ	・同僚の提案に対して異議を唱える。 ・同音異義語の書き分けに注意してください。 ・興味深い話がたくさん聞けて、非常に有意義な講演会だった。
かくりつ	・今後の経営方針を早々（そうそう）に確立する必要がある。 ・今日の降水確率は80％らしいから、傘を持っていこう。
かんしん	・社会に関心を持ち、気になったことは調べるようにしている。 ・彼の勤勉さに、毎度感心させられる。 ・意中の人の歓心を買うために、プレゼントを贈ろうと思う。
こうぎ	・手数料の大幅な値上げに抗議する。 ・今日は大教室で経済学の講義を受ける予定だ。
しじ	・班長の指示に従って作業を進める。 ・数年経つと政権党の支持率が下がる傾向がある。
しょうがい	・システムに障害が発生したため、再起動した。 ・この画家は生涯にわたって風景画を描き続けた。 ・通りで人が切りつけられる傷害事件が発生した。
そうぞう	・将来はデザイナーなどの創造的な仕事に就きたい。 ・危険な状況を想像して備えることが大切だ。
たいしょう	・私が内向的であるのとは対照的に、妹はとても社交的だ。 ・このアンケートは大学生を対象としている。 ・壁にかかった絵の構図は、左右対称でバランスがとれている。
ついきゅう	・今回の不祥事の責任を追及する。 ・人には幸福を追求する権利がある。 ・いとこは歴史上の事実を追究するのが好きだ。
ほしょう	・事故被害に遭（あ）った場合に、補償が受けられる制度に加入する。 ・この電化製品の保証期間は1年間です。 ・安全保障上の観点から、軍の動向は常に注目されている。

● 同じ読みの漢字　同訓異字

あける	・ドアを開ける。毎日 10 時に店を開ける。 ・旅行で家を空ける。救急車が通るので道を空けてください。
あたたかい	・温かいお茶を飲む。旅先で温かいもてなしを受ける。 ・今日は晴れていて暖かい。暖かい日差しを浴びる。
あつい	・今年の夏は暑い。暑い部屋にずっといると気分が悪くなる。 ・このお茶はまだ熱い。熱い声援を送る。 ・この本はとても厚い。厚く化粧をする。厚い友情。
あらわす	・悲しみを態度で表す。図で表す。気持ちが言葉に表れる。 ・人前に姿を現す。正体を現す。雲間（くもま）から太陽が現れる。 ・本を著す。地元の作家が著した小説を読む。
うつす	・黒板の字を書き写す。写真を写す。旅先の景色を手帳に写す。 ・資料をスクリーンに映す。鏡に姿を映す。当時の世相（せそう）を映す曲。 ・料理を皿に移す。風邪を人に移す。興味が理学から数学に移る。
おかす	・過（あやま）ちを犯す。法を犯す。罪を犯す。 ・国境を侵す。表現の自由を侵す。他人の権利を侵す。 ・危険を冒す。風雨を冒して出かける。難病に冒される。
おさめる	・本を棚に収める。成功を収める。争いが収まる。 ・税金を納める。注文の品を納める。今日は仕事納めだ。 ・国を治める。人民を治める。痛みが治まる。
こえる	・県境を越える。困難を乗り越える。年を越す。引っ越す。 ・定員を超える応募があった。費用が 10 万円を超える。
たずねる	・駅までの道を人に尋ねる。失踪（しっそう）した兄の行方（ゆくえ）を尋ねる。 ・久しぶりに知人を訪ねる。名所旧跡を訪ねる。
つとめる	・企業に勤める。教員として大学に勤める。 ・司会を務める。主役を務める。親としての務めを果たす。 ・問題の解決に努める。努めて明るく振る舞う。
とる	・本を手に取る。連絡を取る。資格を取る。メモを取る。 ・写真を撮る。映画を撮る。 ・リーダーとして指揮を執る。式を執り行う。筆を執る。
はかる	・問題の解決を図る。身の安全を図る。便宜（べんぎ）を図る。 ・家から駅までの距離を測る。身体能力を測る。体温を測る。

● 慣用句　体に関するもの

【目・眉(まゆ)】

目が利(き)く　ものごとの価値を見極める力が備わっている。 類語 目が高い

目がない　心を奪(うば)われ思慮分別をなくすほど好きである。 例文 姉は甘いものに目がない。

目から鱗(うろこ)が落ちる　何かがきっかけとなり、急に実態がわかるようになる。

長い目で見る　現状だけを見て判断せずに、気長に将来を見守る。

眉をひそめる　心配事があったり、他人の行動を不快に思ったりして、顔をしかめる。

【手】

手がない　施す手段や方法がない。人手が足りない。 例文 もう打つべき手がない。

手塩にかける　自分で世話をして大切に育てる。 例文 手塩にかけた部下が出世した。

手に余る　自分では力量不足で解決が難しい。 類語 手に負えない

手を焼く　対処や処理に困る。 例文 子どものわがままに手を焼く。

手の平を返す　がらりと態度を変える。 例文 手の平を返したように優しくなった。

手をこまねく　手出しをせず、傍観する。 例文 緊急事態に手をこまねいてはいられない。

【足】

足を引っ張る　他人の成功や前進を邪魔する。 例文 チームの足を引っ張るな。

あげ足をとる　相手の言葉尻をとらえて非難したり、からかったりする。

二の足を踏む　ためらう。躊躇(ちゅうちょ)する。 類語 尻込(しりご)みする

【その他】

顔が広い　社交的であり、知り合いの数が多い。

顔が立つ　面目(めんぼく)を保つ。名誉に傷がつかずに済む。 例文 ここで失敗しては顔が立たない。

耳にたこができる　何度も同じばかり言われて、うんざりする。

寝耳に水　突然の出来事に驚くことのたとえ。 類語 藪(やぶ)から棒・青天の霹靂(へきれき)

鼻が高い　得意になる様子。 例文 地元から代表選手が誕生したので、私たちも鼻が高い。

鼻をあかす　他人のすきに乗じて自分が先に事を行い、相手を驚かせる。

口が滑る　言ってはならないことをうっかり話してしまう。

舌を巻く　言葉も出ないほどに驚き感心する。 例文 彼らの礼儀正しさに舌を巻く。

のどから手が出る　欲しくてたまらないことのたとえ。 類語 垂涎(すいぜん)

息をのむ　驚いて息を止める。 例文 足元をのぞき込み、あまりの高さに思わず息をのんだ。

肩を持つ　味方をする。ひいきする。 例文 母はいつも弟の肩を持つ。

後ろ髪を引かれる　思いが残って、先へ進むことができない。

肝(きも)に銘(めい)ずる　心に刻み付けて忘れないようにする。肝に銘じる。 類語 骨に刻む

腹を決める　覚悟をもって決心する。 類語 腹をくくる

カタカナ語

アイデンティティ [identity] 他の人や物と異なってもっている独自性のこと。

アンケート [enquête：フランス語] 多くの人に同じ質問をして回答を求める調査。

カテゴリー [Kategorie：ドイツ語] 同質のものが属す部門。

キャッチフレーズ [catch phrase] 強い印象を与えるために使う短い言葉。

ケア [care] 配慮したり、世話をしたりすること。 例文 退院後のケアが大切だ。

コスト [cost] 費用。時間や労力について言う場合もある。

コミュニティ [community] 地域社会。共同体。

コンセプト [concept] 作品などの全体につらぬかれた、基本的な考え方。

コンテクスト [context] 文脈。言葉が使用される場面。コンテキスト。

サステナブル [sustainable] 持続可能であるさま。

ジェンダー [gender] 社会的・文化的な性差。

シミュレーション [simulation] 実際に近い状況をつくり出し実験すること。

ジャンル [genre：フランス語] 種類。文芸・芸術作品の様式上の分類。

ジレンマ [dilemma] 二つのうち、どちらも選べず板挟みになる状態。ディレンマ。

ステレオタイプ [stereotype] 型にはまった、固定的な考え方や行動。

タブー [taboo] ふれたり口に出したりしてはいけないとされていること。

テーマ [Thema：ドイツ語] 行動や創作などの基調となる主題。 例文 研究のテーマ。

トレンド [trend] 流行や経済変動の動向。SNS で話題になっている事柄。

ニーズ [needs] 要求や需要。 例文 消費者のニーズが多様化している。

ニュアンス [nuance：フランス語] 言葉や色彩などの微妙な意味合いや差異。

バイアス [bias] 偏りや偏見。 例文 その報道にはバイアスがかかっている。

パフォーマンス [performance] 演奏や演技。人目を引くための行為。機能や性能。

パラドックス [paradox] 真理と逆を言っているようで、真理を表している言説。逆説。

ピーク [peak] 物事の絶頂や頂点のこと。 例文 混雑がピークに達する。

ビジョン [vision] 将来の構想や展望。 例文 企業のビジョンを掲げる。

ポテンシャル [potential] 潜在的にもつ力。可能性としての力。

マイノリティ [minority] 少数派や少数民族。 対義語 マジョリティ [majority]

メタファー [metaphor] 隠喩(いんゆ)。「まるで」「のような」などを使わない比喩。

メディア [media] テレビ・新聞・インターネットなどの情報媒体。

リスク [risk] 危険の生じる可能性。 例文 これはリスクの大きい事業だ。

リテラシー [literacy] 必要な情報を引き出し、活用する能力。読み書き能力。

好評発売中!!

行知学園教育叢書

留学生のための大学二次試験完全攻略本 難関大学編　日本語・小論文・作文

この1冊で出願から入試対策まですべてがわかる!

日本の大学を目指す外国人留学生には入手が難しい受験情報を，この1冊に網羅しました。出願書類の集め方から入試情報，傾向と対策，解答解説付き過去問掲載，試験勉強法まで，大学留学を成功させるためのノウハウがぎっしり詰まっています。

A4判　本体3,200円＋税　ISBN 978-4-909025-79-1

日本留学試験(EJU) 必修単語12000語

よく出る順に効率よく学び，EJU必修単語を完全攻略!

EJUで出た頻度順に単語を効率よく学べる1冊。
日本語学習に必須の重要単語も収録し，EJUの網羅的な対策を実現します。暗記に便利な赤セルシートや，無料でダウンロードできる音声データを使えば，単語の暗記に加え，リスニング対策も万全です。

A5変形判　本体2,000円＋税　ISBN 978-4-909025-69-2

日本留学試験対策 完全マスター 総合科目

全ページカラーで地図もグラフもわかりやすい! 教科書の決定版!!

EJUで出題された問題を徹底的に研究・分析した成果を盛り込んで作成された，最新の「教科書」です。各章の冒頭に重要なポイントを示したり，カラーで見やすい地図やグラフを数多く掲載したりするなど，効率的な学習を支援するための工夫がいっぱいです。

B5判　本体2,800円＋税　ISBN 978-4-909025-71-5

行知学園教育叢書
30日で完成！　留学生のための漢字・語彙・文法
大学二次試験対策問題集

2023年11月20日　初版第１刷発行

編著者　行知学園株式会社
発行者　楊 舸
発行所　行知学園株式会社
〒169-0073
東京都新宿区百人町2-8-15　ダヴィンチ北新宿 5F
TEL：03-5937-2809　FAX：03-5937-2834
https://www.coach-pub.jp/
https://coach-ac.co.jp/（日本語）
https://www.koyo-coach.com/（中国語）
印刷所　シナノ書籍印刷株式会社

ISBN978-4-909025-47-0　C0081